Kommunale Netzwerke für Kinder

Bertelsmann Stiftung (Hrsg.)

Kommunale Netzwerke für Kinder

Ein Handbuch zur Governance frühkindlicher Bildung

Eine Gemeinschaftsinitiative
der Bertelsmann Stiftung und
der Heinz Nixdorf Stiftung

| Verlag Bertelsmann Stiftung

Bibliografische Information der Deutschen Nationalbibliothek

Die Deutsche Nationalbibliothek verzeichnet diese Publikation in der
Deutschen Nationalbibliografie; detaillierte bibliografische Daten
sind im Internet unter http://dnb.d-nb.de abrufbar.

© 2008 Verlag Bertelsmann Stiftung, Gütersloh
Verantwortlich: Dr. Anja Langness, Mandy Schöne, Kathrin Bock-Famulla
Redaktion: Rudolf Jan Gajdacz, team 4media@event; Beate Ramm, text+redaktion
Herstellung: Christiane Raffel
Umschlaggestaltung: Nadine Humann
Umschlagabbildung: © Bruno De Hogues/Getty Images
Satz und Druck: Hans Kock Buch- und Offsetdruck GmbH, Bielefeld
ISBN 978-3-89204-978-4

www.bertelsmann-stiftung.de/verlag

Inhalt

Vorwort

Jedes Kind hat ein Recht auf individuelles Wohlergehen. Es hat ein Recht darauf, in seiner Familie, in der Nachbarschaft, überall in seinem Dorf oder in seiner Stadt willkommen zu sein. Es sollte in einem gesellschaftlichen und familiären Beziehungsgeflecht aufwachsen, das aus Solidarität, Verantwortung, Liebe, Sinnsuche und Wertevermittlung geknüpft ist. Ein Kind braucht eine Umgebung – innerhalb und außerhalb der Familie –, in der es seine Persönlichkeit entfalten und mit Freude lernen kann. Dazu gehört eine anregende und bildungsfördernde Atmosphäre von Geburt an.

Das Thema frühkindliche Bildung steht schon seit einiger Zeit im Fokus der gesellschaftlichen und politischen Debatte. Zum wiederholten Mal hat der OECD-Leistungsvergleich »PISA« die mangelnde soziale Durchlässigkeit des Bildungssystems und die eklatante Bildungsbenachteiligung von Migranten dokumentiert. Aufgerüttelt durch aktuelle Ereignisse, stehen Kindesmisshandlung und -vernachlässigung sowie die wachsende Gewaltbereitschaft von Jugendlichen im Brennpunkt der öffentlichen Diskussion.

Im Rahmen der Diskussionen um »soziale Frühwarnsysteme« wird nun erstmals im breiten Konsens eingefordert, was Experten seit Jahren anmahnen: das Nebeneinander von fachlichen »Schubladen« und behördlichen Hierarchien in den Ressorts Bildung, Gesundheit, Kinder- und Jugendhilfe und Soziales zu überwinden.

Viele Experten, so die Sachverständigenkommission des Zwölften Kinder- und Jugendberichts der Bundesregierung und das Bundesjugendkuratorium, fordern die Umsetzung einer sozialraumorientierten, an Lebenslagen, Bildungsbiographien und individuellen Fähigkeiten orientierten frühen Bildung. Voraussetzung dafür sei eine stärkere Verflechtung von Jugendhilfe und Schule sowie die Schaffung neuer lokaler Bildungsorte und Familienzentren.

Kommunen kommt dabei eine besondere Rolle zu. Sie stehen vor der Herausforderung, die notwendigen Bedingungen dafür zu schaffen, dass alle Akteure »rund ums Kind« ihre Arbeit besser aufeinander abstimmen und vor allem enger mit den Eltern zusammenarbeiten können. Denn erst wenn Erzieherinnen, Lehrer, Sozialarbeiter, Kinderärzte, Eltern und Hebammen sowie Vertreter aus Kommunalpolitik und Verwaltung in einem kommunalen Netzwerk für Kinder zusammenwirken, kann der Entwicklungs- und Bildungsweg eines jeden Kindes präventiv, nachhaltig und kontinuierlich unterstützt werden.

Dafür müssen alle Beteiligten völlig umdenken. Ziel dieses Umdenkens ist ein institutionen-, professionen- und ressortübergreifender Ansatz, der sich nicht mehr an einzelnen Zuständigkeiten orientiert, sondern die Bedingungen des Aufwachsens ganzheitlich betrachtet. Dies setzt voraus, dass die beteiligten Akteure in der Kommune lernen, sich als »Verantwortungsgemeinschaft« zu verstehen und ihr gemeinsames Handeln auf die Bedürfnisse der Kinder nach Bildung, Entwicklung und Schutz auszurichten.

Die Kommunen Paderborn und Chemnitz haben sich dieser Herausforderung gestellt. In dem Projekt »Kind & Ko« sind sie, begleitet und unterstützt von der Bertelsmann Stiftung und der Heinz Nixdorf Stiftung, der Frage nachgegangen, wie dieser Anspruch auf kommunaler Ebene verwirklicht werden kann. Mit Ehrgeiz und Experimentierfreude, Lerneifer und Frustrationstoleranz haben sie ein kommunales Netzwerk »rund ums Kind« initiiert, viele unterschiedliche Akteure für eine Zusammenarbeit gewonnen und sie nachhaltig für diese Zusammenarbeit motiviert.

Das vorliegende Handbuch zeigt anhand dieser Erfahrungen, wie Governance frühkindlicher Bildung durch ein kommunales Netzwerk in die Praxis umgesetzt werden kann. Es bietet einen detaillierten Einblick in die Strategien und Methoden für Partizipation und demokratische Entscheidungsprozesse im Netzwerk.

Die Etablierung eines kommunalen Netzwerks für Kinder hat in den Modellkommunen neue Strukturen und eine Kultur des Austauschs geschaffen. Eine Haltungs- und Bewusstseinsänderung ist angestoßen worden, die sich nachhaltig auf das Bildungs- und Entwicklungsklima für die Kinder vor Ort auswirken wird. Politik und Verwaltung sind aufgefordert, den Nutzen dieses Modells zu erhalten, weiterzuentwickeln und dafür die notwendigen Ressourcen zur Verfügung zu stellen. Die Beteiligten sind hoch motiviert, ihre Kräfte zu bündeln und die entstandenen Netzwerke im Sinne der Kinder weiterzuentwickeln.

Denn jeder kann an seinem Platz in der Kommune ein Stück Verantwortung dafür übernehmen, dass kleine Mädchen und Jungen einen guten Start ins Leben haben, ob als Eltern, als engagierter Bürger, als Pädagoge, Politiker oder in der Verwaltung, in Institutionen, Verbänden und Organisationen. Jeder kann dazu beitragen, dass Kinder von Anfang an bessere Chancen haben – auf gesellschaftliche Teilhabe, soziale Integration und Anerkennung, Entfaltung und Selbstachtung.

Dr. Johannes Meier
Mitglied im Vorstand
der Bertelsmann Stiftung

Anette Stein
Programm-Managerin
»Kinder früher fördern«

Einleitung

Kathrin Bock-Famulla, Anja Langness, Mandy Schöne, Claus Stieve

Die frühe Kindheit wird als die grundlegende Bildungs- und Entwicklungsphase im Leben eines Menschen angesehen. Kinder sammeln in dieser Phase elementare Erfahrungen. Diese bestimmen ihr Selbstbild sowie ihr soziales Handeln und begleiten sie ein Leben lang. Die optimale Unterstützung von Kindern in dieser Lebensphase gilt daher als Schlüssel zur Teilhabe an der Gesellschaft. Kinder haben jedoch von Geburt an sehr unterschiedliche Chancen. Art und Ausmaß der frühkindlichen Förderung in Deutschland hängen vor allem davon ab, in welcher Familie die Kinder aufwachsen, und ebenso, in welcher Kommune sie leben. Diese Ungleichheit nimmt vielen Kindern ihr Recht auf Bildung. Das Programm »Kinder früher fördern« der Bertelsmann Stiftung wendet sich an alle Akteure der frühen Bildung, die Kinder dabei unterstützen, ihre Persönlichkeit und Fähigkeiten zu entfalten – also an alle Verantwortlichen in Politik, Verwaltung und Praxis. Spezielles Augenmerk gilt den Eltern und ihrer Rolle als Experten, Partner und Lernende.

In dem Projekt »Kind & Ko« gehen Bertelsmann Stiftung und Heinz Nixdorf Stiftung und die Modellkommunen Chemnitz und Paderborn gemeinsam der Frage nach, wie auf lokaler Ebene frühkindliche Bildung, Betreuung und Erziehung optimiert werden können. Um eine intensive Kooperation und Vernetzung aller Akteure »rund ums Kind« zu ermöglichen, wurde in Chemnitz und Paderborn der Aufbau eines kommunalen Netzwerks für Kinder initiiert. Das vorliegende Handbuch fasst die Erfahrungen aus der dreijährigen Projektlaufzeit zusammen und soll anderen Kommunen als Anregung für den Aufbau eines eigenen kommunalen Netzwerks für Kinder dienen. Es enthält Hinweise und Empfehlungen, wie sich die verschiedenen Akteure und Institutionen »rund ums Kind« zu einer kommunalen Verantwortungsgemeinschaft zusammentun können, um gemeinsam Maßnahmen zur Verbesserung der Bildungs- und Entwicklungschancen von Kindern zu entwickeln.

Das Handbuch richtet sich nicht nur an Fachleute und kommunale Entscheidungsträger aus dem Bereich Kinder- und Jugendhilfe, sondern auch an Akteure aus den Tätigkeitsfeldern Gesundheit, Soziales und Schule – insbesondere an diejenigen, die mit dem Aufbau und der Ausgestaltung von kommunalen Netzwerken für Kinder beschäftigt sind. Beispielsweise beginnen Akteure des Gesundheitssektors wie Kinderärzte, Gesundheitsämter und Therapeuten seit einiger Zeit eine stärkere Kooperation und Vernetzung mit der Kinder- und Jugendhilfe zu fordern und zu initiieren.

Wie lässt sich eine kommunale Verantwortungsgemeinschaft realisieren? Eine mögliche Antwort darauf bieten Strategien der Governance frühkindlicher Bildung. Der Begriff Governance steht in diesem Zusammenhang für alle Formen und Mechanismen der Koordinierung zwischen Akteuren, deren Funktionen und Handlungen sich wechselseitig beeinträchtigen oder unterstützen können. Die Schaffung eines kommunalen Netzwerks für Kinder bietet sich als ein möglicher Weg an, um koordiniertes Handeln aller Akteure »rund ums Kind« in einer Kommune zu realisieren. Um die Zusammenführung der kommunalen Akteure zu sichern und verbesserte Angebote für Kinder und Familien kommunalpolitisch zu verankern, wurde im Projekt »Kind & Ko« ein solches Netzwerk für Kinder mit steuernden und koordinierenden Gremien etabliert. Die folgende kurze Chronologie des Projektes »Kind & Ko« verdeutlicht den dynamischen Entwicklungsprozess beim Aufbau eines kommunalen Netzwerks für Kinder.

Projektverlauf

Am Anfang stand die Idee der Bertelsmann Stiftung und der Heinz Nixdorf Stiftung, ein kommunales Modellprojekt zu initiieren, mit dem Ziel, die Entwicklungs- und Bildungschancen von Kindern in den ersten acht Lebensjahren zu verbessern. Im Rahmen einer Ausschreibung der Stiftungen wurden Chemnitz und Paderborn als Modellkommunen und Kooperationspartner für »Kind & Ko« ausgewählt. In den Kommunen startete zu Beginn des Projektes im Jahr 2005 ein intensiver Abstimmungsprozess über die Ziele und Leitbilder im Hinblick auf frühkindliche Bildung.

Um erste Ideen zur Ausgestaltung/Ausdifferenzierung der Ziele zu gewinnen und neue Kooperationsbeziehungen zu initiieren, wurden in Chemnitz und Paderborn Fördergelder für kommunale Impulsprojekte zur Verfügung gestellt. Diese Impulsprojekte waren der Startpunkt für die kommunale Verantwortungsgemeinschaft »rund ums Kind«. In den Gremien vor Ort gab es parallel dazu einen Diskurs über die zentralen Themenbereiche. Daraus wurden drei Schwerpunktthemen für weitere Aktivitäten identifiziert: »Rund um die Geburt«, »Kind und Familie im Zentrum« und »Übergang Kita/Grundschule«.

Anfang 2006 wurden dann Arbeitsgruppen zu den Schwerpunkten gegründet, in denen professionelle und politische Akteure zusammen mit Eltern ein Jahr lang konkrete Empfehlungen und Maßnahmen zur Verbesserung der Angebote und Kooperationsstrukturen in der frühkindlichen Bildung auf breiter kommunaler Ebene entwickelten. In beiden Kommunen wurden diese Maßnahmen in einem gemeinsamen Diskussionsprozess mit der Steuerungsgruppe abgestimmt und dem Jugendhilfeausschuss zur Verabschiedung empfohlen.

Das Jahr 2007 stand im Zeichen der Umsetzung der entwickelten Maßnahmen. Das Ergebnis ist ein gelungener partizipativer Prozess, der bei den beteiligten Akteuren und in der Öffentlichkeit Haltungs- und Bewusstseinsänderungen bewirkte, politische Willensbildung in Gang setzte und das wichtigste Ziel erreicht hat: Alle kommunal verantwortlichen Akteure »rund ums Kind« haben in gesamtkommunaler Verantwortung Ziele formuliert und gemeinsam Maßnahmen zur Verbesserung der Bildungs- und Entwicklungschancen von Kindern erfolgreich umgesetzt.

Der Prozess hat gezeigt, dass Kooperation und Vernetzung nicht »nebenbei« und von allein passiert. In den Kommunen müssen geeignete Rahmenbedingungen geschaffen werden. Kooperation und Vernetzung ist ein komplexer und permanenter Prozess, der Ressourcen, Kompetenzen und fachliche Steuerung erforderlich macht.

Dabei darf eines jedoch nie aus dem Blick geraten: Kooperation und Vernetzung ist kein Selbstzweck. Menschen an einen Tisch zu bringen, deren Interessen und Fachgebiete sich überschneiden, bewirkt noch keine Verbesserung für Kinder und Familien. »Die Bildungsansprüche und Entfaltungsmöglichkeiten der Kinder müssen der Maßstab sein, an dem sich die Ansprüche von Eltern wie von Erwachsenen und Gesellschaft insgesamt, die Strukturen von Organisationen und das Wissen und Handeln von Professionen orientieren müssen« (Bundesjugendkuratorium 2004a: o. S.).

Zusammenfassung

Die wesentlichen Inhalte des vorliegenden Handbuchs hier im Überblick:

Kapitel 1: Um bildungsfördernde Lebenswelten im Interesse von Kindern gestalten zu können, bedarf es einer kommunalen Verantwortungsgemeinschaft, in der alle Akteure »rund ums Kind« in einen wechselseitigen Aushandlungs- und Zielfindungsprozess treten und gemeinsam bedarfsgerechte

13

Angebote für Kinder entwickeln. Diese Angebote sollen sich explizit an den Bildungsbiographien und Lebenslagen von Kindern orientieren. Gelingen kann dies durch den Aufbau eines Netzwerks in der Kommune, als eine Form von Governance frühkindlicher Bildung. In einem kommunalen Netzwerk für Kinder arbeiten alle Akteure zusammen – jenseits der traditionellen Trennung zwischen Berufsgruppen und Funktionen, Ämtern, Institutionen, Organisationen und Elternvertretern.

Wesentlicher Motor eines Governanceprozesses sind Koordinationsstellen – ausgeführt durch einen Netzwerker. Die Beschreibung seiner Schlüsselfunktion als zentrale Schaltstelle und seiner Aufgaben als Kommunikationsmanager, Koordinator, Moderator und Impulsgeber verschafft gleichzeitig einen ersten Überblick über die wesentlichen Merkmale eines erfolgreichen Netzwerkprozesses.

Kapitel 2 zeigt, wie der Aufbau einer Netzwerkstruktur idealtypisch abläuft. Es beschreibt, wie Mitstreiter gefunden werden, wie ein Auftakt inszeniert und der interprofessionelle Dialog in Gang gebracht wird. Des Weiteren geht es darum, wie Gremien installiert werden und wie Steuerungs- und Entscheidungsprozesse im Netzwerk ablaufen. Die Grundstruktur eines kommunalen Netzwerks für Kinder besteht aus einem Steuerungsgremium als innerem Kern sowie verschiedenen Plattformen für interprofessionelles Arbeiten wie Arbeitsgruppen oder einem gesamtkommunalen Forum und dem Koordinationsbüro.

Kennzeichnend für den Netzwerkprozess ist die Wechselwirkung von Struktur und gemeinsamem Handeln. Sie bedingen und fördern sich gegenseitig und münden im Idealfall in eine gesamtkommunale Verantwortungsgemeinschaft, die ein ganzheitliches Konzept für frühkindliche Bildung und Entwicklung etabliert und fortlaufend weiterentwickelt.

Das Koordinationsbüro ist strategischer Mittelpunkt des Netzwerks. Aufgabe der Netzwerkerin oder des Netzwerkers ist es, Informationen zu steuern, Vertrauen zu schaffen, den interprofessionellen Dialog zu moderieren und das gesamte Vorhaben zu koordinieren. Unterschiedliche Erfahrungsberichte aus den Modellkommunen illustrieren diesen Prozess.

Kapitel 3 widmet sich der Frage, wie ein Netzwerk zum gemeinsamen Handeln findet. Ein Strategiezyklus stellt die Schritte des Netzwerkprozesses unter Einbindung aller Ressorts und Akteure »rund ums Kind« dar. Zunächst geht es darum, wie man gemeinsam ein Leitbild entwickelt und auf der Basis einer Bedarfsermittlung Ziele formuliert. Im Mittelpunkt dieses Kapitels steht die Funktion von Handlungsempfehlungen. Des Weiteren wird der Frage nachgegangen, wie Empfehlungen partizipativ entwickelt und zugleich »von oben« legitimiert werden, damit die empfohlenen Maßnahmen schließlich umgesetzt werden können.

Schließlich nennt Kapitel 3 Kriterien für eine erfolgreiche Umsetzung der empfohlenen Maßnahmen und gibt Ratschläge zur gemeinsamen Bewältigung von Schwierigkeiten. Wie das erfolgreiche Zusammenwirken der Akteure zu einer neuen Form kommunaler Governance und zu einer neuen Kultur der Partizipation führt, wird anhand von Praxisbeispielen und Zitaten deutlich.

Die Wirksamkeit der Prozesse wird durch Evaluation überprüft. Die Ergebnisse fließen wieder in den Netzwerkprozess ein.

In **Kapitel 4** geht es darum, im kommunalen Netzwerk für Kinder Wissen zu vermitteln und Erfolge sichtbar zu machen. In diesem Zusammenhang behandelt es vier wesentliche Aspekte, die den gesamten Netzwerkprozess begleiten: Qualifizierung, Öffentlichkeitsarbeit, wissenschaftliche Begleitung und Evaluation.

Über die Bedeutung der **Qualifizierung**, Weiterbildung und Beratung lokaler Akteure in kommunalen Netzwerken schreibt Ulrike Ziesche. Der Netzwerkprozess sei gekennzeichnet durch ein Wechselspiel immanenter und organisierter Qualifizierung, so die Autorin. Besonders für das Projektmanagement böten sich Zusatzausbildungen für Netzwerker an oder die Unterstützung durch externe Fachleute. Qualifizierung im Netzwerkprozess müsse auf Augenhöhe stattfinden und auf die Erfahrung von Selbstwirksamkeit und Motivation ausgerichtet sein.

Damit **Presse- und Öffentlichkeitsarbeit** ihre wichtige Funktion als Informations- und Motivationsinstrument erfüllen kann, sollte das »Handwerk« beherrscht werden, betont Dr. Harald Seehausen von der Frankfurter Agentur für Innovation und Forschung (FAIF) in Frankfurt. Erfolge, Erfahrungen und Aktivitäten aus lokalen Projekten müssten PR-gerecht aufbereitet und kommuniziert werden. Zunächst gelte es durch Veranstaltungen, Zeitungsveröffentlichungen und öffentlichkeitswirksame Aktionen das Interesse bei den Zielgruppen zu wecken. Damit Öffentlichkeitsarbeit ihr Ziel erreicht, sollten die Netzwerkakteure professionellen Rat einholen oder sich in Sachen PR oder journalistisches Schreiben qualifizieren.

Die **wissenschaftliche Begleitung** in kommunalen Netzwerken ist das Thema von Dr. Mathias Urban, Martin-Luther-Universität, Halle. Wissenschaftliche Begleitung sei in Bezug auf Wissensinput und Selbstreflexivität in kommunalen Netzwerken von immenser Bedeutung. Auch sorge sie für eine an-

gemessene Verwertung und Vergleichbarkeit der Ergebnisse sowie deren überregionale Einordnung. Externe wissenschaftliche Begleitung helfe Neues zu
entdecken, die Ausgangslage systematisch zu erfragen und die Wirkung von
Maßnahmen zu analysieren. Dem Wissenschaftler komme dabei die Rolle
als Reflexionspartner und »kritischer Freund« zu.

Evaluation, die Überprüfung der Wirksamkeit von Maßnahmen und ihren
Methoden, sollte, so zeigt der letzte Teil von Kapitel 4, unbedingt von Anfang
an mit bedacht werden. Nur so könne gewährleistet werden, dass die Praxis-
erfahrungen wissenschaftlich verwertbar und vergleichbar seien, so Melanie
Niestroj, Univation GmbH, Köln, in ihrem Aufsatz zur Evaluation im Vernetzungsprozess. Evaluation, so die Autorin, diene der systematischen Verbesserung des Projektes. Die Autorin gibt einen Überblick über die wesentlichen
Methoden zur Datengewinnung und gibt Hinweise, welche Methode in welchem Fall am besten greift.

In diesem Handbuch werden Chancen und mögliche Wege der kommunalen
Vernetzung aufgezeigt. In jeder Kommune sind andere Rahmenbedingungen gegeben, die jeweils neue Herangehensweisen verlangen. Deshalb geht
es hier nicht um den einen Weg zu einem Netzwerk frühkindlicher Bildung,
sondern um Beispiele und Anregungen, die sich variieren und verändern lassen. Im Kern zeigt sich aber, dass Bildungs- und Entwicklungschancen von
Kindern durch einen intensiven kommunalen Kooperations- und Vernetzungsprozess aller Akteure rund ums Kind erheblich verbessert werden können. Das Handbuch enthält viele praktische Beispiele aus den »Kind & Ko«-
Modellkommunen Chemnitz und Paderborn. In den blauen Kästen neben
dem Text wird auf viele hilfreiche Materialien zur praktischen Umsetzung
hingewiesen, die sich auf der beiliegenden CD-ROM befinden; zudem wird
auf nützliche Seiten im Internet verwiesen.

Literatur

Bundesjugendkuratorium (BJK). *Bildung fängt vor der Schule an! Zur Förderung
von Kindern unter sechs Jahren.* Bonn 2004a. www.bundesjugendkuratorium.
de/pdf/2002-2005/bjk_2004_bildung_faengt_vor_der_schule_an.pdf.
Bundesjugendkuratorium (BJK). *Neue Bildungsorte für Kinder und Jugendliche.*
Bonn 2004b. www.bundesjugendkuratorium.de/pdf/2002-2005/bjk_2004_
neue_bildungsorte_fuer_kinder_u_jugendliche.pdf.

1 Bessere Bildungschancen für alle Kinder durch ein kommunales Netzwerk

1.1 Bildungsfördernde Lebenswelten für alle Kinder gestalten

Orientierung an den Bildungsbiographien und Lebenslagen von Kindern

In der Allgemeinen Erklärung der Menschenrechte heißt es, dass das Recht auf Bildung keinem Menschen verwehrt werden darf. In der UN-Kinderrechts-Charta ist zudem das Recht des Kindes auf Bildung von Geburt an festgeschrieben. Die optimale Unterstützung von Kindern gilt somit als Schlüssel zur Teilhabe in der Gesellschaft. Doch die Realität – das ist wohl unumstritten – sieht in Deutschland anders aus: Für viele Kinder ist ein erfolgloser Bildungsweg lange vor dem Schuleintritt quasi vorprogrammiert. Das Urteil der Unicef (vgl. Unicef 2007), Deutschland sei kein kinderfreundliches Land, beruht vor allem auf den ungleichen Bildungschancen. In keinem anderen im Rahmen der PISA-Studien untersuchten Land hängen die Bildungsperspektiven eines Kindes so stark von seiner Herkunft ab wie hierzulande.

Menschenrecht auf Bildung

Bildungschancen von Kindern werden nicht nur vom Bildungshintergrund der Eltern bestimmt, sondern maßgeblich auch von deren Finanz- und Wohnsituation, ihrer sozialen und materiellen Versorgung und nicht zuletzt ihrer körperlichen und seelischen Gesundheit. Kommunen stehen deshalb vor der Herausforderung, allen Kindern von Geburt an die gleichen Zugangschancen zu bildungsfördernden Lebenswelten zu gewährleisten, unabhängig vom Geschlecht, von der ethnischen Herkunft und vom sozioökonomischen Hintergrund. Es geht um die Gestaltung einer gemeinsamen Bildungslandschaft in der Kommune mit bedarfsorientierten Angeboten für Kinder: Krippen, Kindergärten bis hin zu Schulen, Spielplätzen und -straßen, Sportplätzen und -vereinen, Museen, Bibliotheken, Jugendzentren u.v.m. Hier finden Kinder inner- und außerhalb der Familie ausreichend Entwicklungs- und Bildungsmöglichkeiten.

Zugang zur Bildung für alle Kinder

Kommunen stehen in der Verantwortung, die dafür notwendigen Strukturen zu schaffen und Prozesse für eine Verbesserung der frühkindlichen Bildungs- und Entwicklungschancen zu unterstützen. Das thematisiert auch

Öffentliche
Verantwortung für
bessere Bildungs- und
Entwicklungschancen

der 11. Kinder- und Jugendbericht der Bundesregierung. Die Kommunalpolitik sei gefordert, so heißt es dort, in allen Lebensbereichen nachhaltig förderliche Bedingungen für das Aufwachsen von Kindern und Jugendlichen herzustellen. Ziel einer solchen umfassenden Politik sei es, dass gleiche Lebenschancen für alle Kinder und Jugendlichen entstehen, »unabhängig von der Region, in der ein Mensch aufwächst, von seinem Geschlecht und vom sozialen, ökonomischen und kulturellen Kapital seiner Familie«. Öffentliche Verantwortung bedeute nicht »Verstaatlichung von Erziehung und Bildung«, sondern im Gegenteil die Stärkung der Erziehungskompetenzen der Eltern und der Bildungskompetenzen der Kinder und Jugendlichen. Nur so könne das Recht von Kindern und Jugendlichen auf umfassende Teilhabe an und ungehinderten Zugang zu den sozialen, ökonomischen, ökologischen und kulturellen Ressourcen der Gesellschaft eingelöst werden (vgl. BMFSFJ 2002).

Bildung von Anfang an

Bildung ist als ein ganzheitlicher Prozess zu verstehen, der sich nicht nur auf den formalen Bildungszusammenhang der Schule begrenzen lässt, sondern bereits mit der Geburt eines Kindes beginnt und gleichermaßen auch die informellen und nonformalen Bedingungen von Bildung in den Blick nimmt (vgl. BMFSFJ 2005).

Bildung findet immer
und überall statt

Kinder entdecken und erforschen von Geburt an voller Neugierde und Interesse ihre Umwelt. Sie sind in den ersten Lebensjahren nicht nur besonders aufnahmefähig, sondern auch darauf angewiesen, sich mit ihrer Umgebung auseinanderzusetzen. Deshalb gilt es Kinder schon möglichst früh in ihrem Bildungsprozess zu begleiten und zu unterstützen.

Eltern eröffnen erste
Erfahrungswelten

Bildungs- und Entwicklungsprozesse von Kindern haben darüber hinaus – insbesondere in den ersten Lebensjahren – einen erheblichen informellen Charakter, d.h., Bildungs- und Entwicklungsprozesse finden im Alltag der Kinder an allen Orten und zu allen »möglichen« und »unmöglichen« Zeiten statt. Die räumliche und zeitliche Unbegrenztheit von Bildungsprozessen erfordert eine breite Verantwortungsgemeinschaft aller kommunalen Akteure und deren Bereitschaft, kindliche Bildungsprozesse in einem neuen Licht zu betrachten.

Als erste und gleichsam dauerhafteste Lebenswelt von Kindern rückt zunächst die Familie in den Fokus. Wir wissen, dass sich Kindern je nach sozialem, ökonomischem und auch Bildungshintergrund der Eltern sehr unterschiedliche Erfahrungswelten eröffnen. Bildungsprozesse von Kindern werden somit durch die Familie gestaltet und beeinflusst: direkt durch die Haltung, die Sprache, das Weltverständnis, die Kommunikationsmuster, aber auch durch die Ernährung in der Familie sowie indirekt durch die Lebenswelten und Bildungsorte, welche die Eltern für ihre Kinder auswählen.

Neben den Eltern schaffen eine Vielzahl von kommunalen Akteuren, Einrichtungen, Institutionen direkt oder auch indirekt förderliche oder eben auch weniger förderliche Lebens- und damit Bildungsgelegenheiten für Kinder. Studien belegen, dass Kinder unabhängig von den Familienverhältnissen, in denen sie aufwachsen, auch in ihrem Umfeld – in der Nachbarschaft, im Stadtviertel, in der Gemeinde – verlässliche und stabile Lebensverhältnisse benötigen, um sich gut bilden und weiterentwickeln zu können (vgl. Bundesjugendkuratorium 2004). Damit rückt die Qualität der Lebensverhältnisse der Kinder in einer Kommune in den Mittelpunkt.

Frühe Bildungschancen brauchen Lebensqualität

Welche Bildungsqualität das Umfeld von Kindern hat, hängt von vielen Faktoren ab, so z. B. von der Wohnsituation von Kindern und Familien oder ihren Möglichkeiten, kulturelle Angebote wie Theater oder sportliche Angebote zu nutzen. Wesentliche Akteure einer kommunalen Verantwortungsgemeinschaft sind neben den Eltern und den kommunalen politischen Entscheidungsträgern sowie der Verwaltungsebene auch die professionellen Akteure, wie z. B. Hebammen, Kinderärzte, Erzieherinnen, Sozialpädagogen, Grundschullehrerinnen, Vertreter von Erziehungsberatungsstellen, Bibliotheken, Familienbildungsstätten u. a.

Eine bedeutende Rolle für die frühkindliche Entwicklung und Bildung spielen auch die vielfältigen Angebote im Bereich Gesundheitsförderung. Neben Kinderärzten, Zahnärzten und Kinderkliniken bzw. Kinderstationen in den Krankenhäusern sind hier noch die Frühförderstellen im Rahmen der Erziehungsberatung und sozialpädiatrischen Beratung zu nennen. Außerdem zählen dazu im Zusammenhang mit Angeboten zur Prävention und Früherkennung alle Untersuchungstermine von der Schwangerenvorsorge über die Früherkennungsuntersuchungen und Schutzimpfungen von Kindern und Jugendlichen bis zu den Kinder- und Jugenduntersuchungen des öffentlichen Gesundheitsdienstes. Prävention und Gesundheitsförderung finden dabei nicht nur innerhalb der Angebote des Gesundheitssektors statt, sondern sind gerade dann wirksam, wenn sie integraler Bestandteil von Bildungsinstitutionen werden. So sind insbesondere die Settings Kindertageseinrichtungen und Schule gefragt, gesundes Aufwachsen von Kindern in ihren Lern- und Lebenswelten zu fördern.

Gesundheitsfördernde Angebote spielen wichtige Rolle

Zwischen Lernen im herkömmlichen Sinne des Wortes und »Sich-Aufhalten« in den gewachsenen sozialen Beziehungen vor Ort gibt es ein breites Spektrum von Bildung und Erziehung – vom außerschulischen Bildungsangebot über Verwandte, Nachbarschaft und Freunde der Eltern bis hin zu den Freunden und »Peers« der Kinder.

Abbildung 1: Bildung hat viele Orte

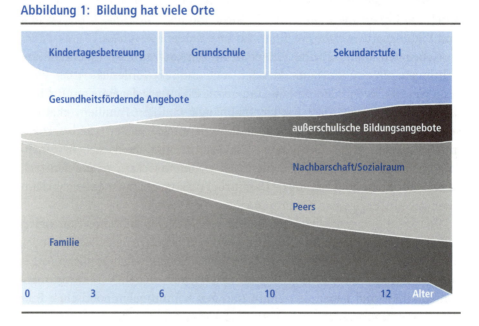

Die Angebote der einzelnen Akteure »rund ums Kind« sollten so miteinander abgestimmt werden, dass sie sich an den Lebenswelten und den einzelnen Bedürfnissen der Kinder orientieren und beispielsweise kontinuierliche Übergänge von der Familie in die Kita und später von der Kita in die Schule gewährleisten. Dabei geht es nicht »nur« darum, neue Angebote und Strukturen aufzubauen, sondern auch einen gemeinsamen Reflexionsprozess in Gang zu setzen. Dieses »Nachdenken über die eigene Haltung« ist zugleich Voraussetzung und Ergebnis des Dialogs zwischen vormals getrennt voneinander agierenden Akteuren, Fachdisziplinen, Institutionen und Ämtern.

Frühkindliche Bildung in Kommunen – Herausforderungen und Chancen

Gewohnte Strukturen und Denkweisen machen es nicht gerade leicht, neue Ideen und neue Allianzen für frühkindliche Bildung in der Kommune zu etablieren. Drei Hemmnisse tragen dazu in besonderem Maße bei: die Defizitorientierung, das Schubladendenken sowie die rechtliche und strukturelle Zergliederung der Zuständigkeiten für Bildung und Entwicklung von Kindern.

Angebote nicht nur an Defiziten orientieren   Viele Hilfesysteme und Bildungsangebote, insbesondere Haltungen von Erwachsenen gegenüber Kindern, sind defizitorientiert, d. h., es werden überwiegend Mängel und fehlende Kompetenzen von Kindern wahrgenommen. Diese diagnostizierten »Defizite« begründen meist den Anlass zur Förderung von Bildungsprozessen bei Kindern und sind die »Eintrittskarte« für Hilfen, Maßnahmen und Aktivitäten sowie Legitimation für ihre Finanzierung. Bildung wird somit weniger als eigenständiges Recht des Kindes anerkannt, sondern ist abhängig von einer Festlegung des Entwicklungsbedarfs durch Erwachsene. Ziel des Handelns von allen Erwachsenen sollte eigentlich sein, positive und förderliche Lebens- und Bildungsbedingungen für alle Kinder zu schaffen.

Bisher wird Bildung meist in »Schubladen-Dimensionen« gedacht: dass sie nur in der Schule stattfindet, in einzelnen Schulfächern oder in Kursen, dass isolierte Fähigkeiten vermittelt und abgefragt werden müssen usw. Dieses Denken ist längst durch neue Forschungsergebnisse widerlegt. Dem modernen Bildungsverständnis nach gehen die bildungsrelevanten Tätigkeiten von den Kindern selbst aus. Sie bilden sich selbst, indem sie alles, was um sie herum geschieht, aufnehmen und zu einem inneren Bild ihrer Wirklichkeit verarbeiten.

Schubladendenken entgegenwirken

Bildung und Entwicklung sind gleichzeitig stattfindende sowie aneinander anknüpfende Prozesse, die durch Akteure und Institutionen aus den Bereichen Kinder- und Jugendhilfe, Schule, Gesundheit und Soziales begleitet und unterstützt werden. Diese sind allerdings rechtlich und strukturell in unterschiedliche Zuständigkeiten, Ämter etc. zergliedert. Die Frage muss daher lauten: Welche Konsequenzen haben diese Strukturbedingungen für die Bildungs- und Entwicklungsprozesse von Kindern? Folge ist die Vereinzelung der Institutionen vor Ort, die ihre fachspezifischen Angebote fragmentarisch – je nach Zuständigkeit und auch professioneller Logik – auf einzelne Lebensabschnitte der Kinder ausrichten. Ihre Maßnahmen und Aktivitäten sind häufig nicht aufeinander abgestimmt und haben deshalb oftmals widersprüchliche Handlungsstrategien – auch für das einzelne Kind – zur Folge.

Rechtliche und strukturelle Zergliederung mindern

Die Bedürfnisse und Bedarfe von Kindern und ihren Familien können dabei aus dem Blick geraten. Deshalb gilt es die Lebens- und Lernwelten von Kindern stärker miteinander zu verzahnen und Erwachsene dafür zu sensibilisieren, dass sie bei der Förderung von Bildungsprozessen die Interessen der Kinder mehr in den Blick rücken.

Konsequenzen für die kommunalen Akteure »rund ums Kind«

Voraussetzung für die Abkehr vom angesprochenen Schubladendenken ist eine Umorientierung in zweierlei Hinsicht:

Perspektivenwechsel initiieren

- *ein Paradigmenwechsel im Bildungsverständnis:* Die frühkindlichen Bildungsangebote orientieren sich an den Stärken und Selbstbildungspotenzialen der Kinder.

- *ein Perspektivenwechsel bei allen Akteuren in der Kommune:* Alle Akteure »rund ums Kind« – politische Entscheidungsträger, Verwaltungs- und Fachebene sowie Eltern und Bürger – entwickeln auf der Basis dieses neuen Bildungsverständnisses gemeinsam bedarfsgerechte Angebote für alle Kinder in der Kommune.

Dies bedeutet gleichzeitig, die Erwachsenen darin zu unterstützen, zu stärken und zu qualifizieren, Lebens- und Lernwelten aktiv für Kinder zu gestalten, um genau diesen Bedürfnissen und Ansprüchen von Kindern gerecht zu werden. Die Entwicklung von Einstellungen und Haltungen braucht Dialog. Dieser Prozess benötigt Raum, Reflexionsmuster und Möglichkeiten, die durch gezielte Gelegenheiten und Strukturen geschaffen werden. Für die Umsetzung der skizzierten Leitziele sind kommunale Strukturen notwendig, die eine zielorientierte Umsetzung unterstützen.

Partizipation von Eltern und Kindern stärken

»Es braucht ein ganzes Dorf, um ein Kind zu erziehen«, sagt ein afrikanisches Sprichwort. Das heißt auch: Politik für Kinder und deren Familien kann sich nur dann wirksam entfalten, wenn sich alle in einer Kommune ihrer Verantwortung bewusst sind und zusammenarbeiten.

Dabei gilt es die Perspektive von Familien und Kindern im Blick zu behalten und sie als Akteure ernst zu nehmen. Die Politik ist deshalb gefordert, Familien durch ergänzende Angebote in Krippe, Kindergarten und Schule zu unterstützen. Diese Angebote müssen so organisiert sein, dass sie an die Lebenswelten der Kinder anknüpfen. Wichtige Voraussetzung dafür ist, dass Kinder und Eltern selbst die Möglichkeit erhalten, sich an der Entwicklung solcher Angebote zu beteiligen (vgl. Bertram 2006).

Kommunale Gesamtstrategie für Kinder und Familien

Dies setzt voraus, dass die Handelnden in der Kommune ein klares Bild von den Lebensbedingungen der Kinder und ihren Bedürfnissen haben. Sie müssen aber auch wissen, wie und unter welchen Voraussetzungen Eltern Bildungs- und Beratungsangebote kennen und wahrnehmen. Dafür gibt es eine Reihe geeigneter Instrumentarien zur Bedarfsermittlung, zum Beispiel Kinderberichte, Befunde aus Elternbefragungen oder von Beobachtungsverfahren in Kitas, die sich an den Lernprozessen der Kinder orientieren. Diese Informationen sind die Voraussetzung für eine »integrierte Strategie« zur Verbesserung der Teilhabe von Kindern, die »sich an den Prinzipien der Lebenswertorientierung, der Partizipation, der Geschlechtergerechtigkeit und der Einmischung in andere Politikfelder orientiert« (Bundesjugendkuratorium 2004).

Neue Qualität in der frühkindlichen Förderung

Es geht nun nicht darum, einzelne, kleine und zeitlich begrenzte Netzwerke und Projekte im sozialen Nahraum zu initiieren und durchzuführen, und auch nicht darum, Verantwortung und Abhilfe auf eine höhere politische Ebene zu verschieben. Die Ergebnisse der Bedarfsermittlung dienen vielmehr als Grundlage, in der Kommune Partnerschaften und Projekte ins Leben zu rufen und Eigeninitiative, Selbsthilfe und nachbarschaftliche Hilfe zu unterstützen. Mit anderen Worten: Ziel ist es, eine höhere Bildungsqualität nicht nur in einzelnen Einrichtungen zu erzielen, sondern im gesamten Angebotsspektrum frühkindlicher Bildung – von der Hebamme über Kinderärzte, Gesundheitsamt, Beratungseinrichtungen oder Kultur bis hin zu den kommunalen Entscheidungsträgern in Politik und Verwaltung.

1.2 Auf dem Weg zu einer gesamt-kommunalen Verantwortungsgemeinschaft für alle Kinder

Zu einer Governance frühkindlicher Bildung

Die Stufen der Kooperation

Gemeinsames Handeln aller kommunalen Akteure »rund ums Kind« kann verschieden intensive Ausprägungen annehmen und lässt sich – je nach Intensität – in Kooperationsstufen von der Koexistenz über die Koordination bis hin zu einer Koalition darstellen (in Anlehnung an Toronto First Duty 2005). Die folgende Übersicht über die einzelnen Stufen der Kooperation ermöglicht eine Beschreibung des Ist- und Soll-Zustands der Kooperationsbeziehungen zwischen den verschiedenen kommunalen Akteuren »rund ums Kind« und kann als Orientierungshilfe und Selbstreflexion beim Aufbau eines kommunalen Netzwerks für Kinder dienen.

Die Stufe der Koexistenz

Koexistenz heißt nebeneinander

Auf der Stufe der Koexistenz planen und entwickeln die einzelnen mit frühkindlicher Bildung in der Kommune befassten Akteure und Institutionen ihre Angebote separat und unabhängig voneinander. So liegen beispielsweise die Kita, Erziehungsberatungsstelle und Familienbildungsstätte in einem Umkreis von einem Kilometer, stehen aber nicht miteinander in Verbindung und tauschen sich nicht aus. Es kommt sogar vor, dass sich die Mitarbeiter dieser Institutionen untereinander nicht kennen, geschweige denn darüber informiert sind, welche Aufgaben die jeweiligen Einrichtungen in der Kommune wahrnehmen.

Abbildung 2: Koexistenz

Die Stufe der Koordination

Auf der Stufe der Koordination ist die Zusammenarbeit punktuell und zeitlich begrenzt. Bei dieser Form der Kooperation schließen sich einzelne Akteure und Institutionen zusammen, um gemeinsam spezielle und zeitlich begrenzte Maßnahmen und Projekte durchzuführen, regelmäßig Informationen untereinander auszutauschen oder die Räume der Kooperationspartner zu nutzen. Dies ist zum Beispiel der Fall, wenn Kita und Grundschule im Stadtteil einen gemeinsamen Informationsabend für Eltern von Schulanfängern veranstalten.

Diese ersten beiden Stufen der Kooperationsbeziehungen entsprechen im Großen und Ganzen der in Kommunen gängigen Praxis. Sie stellen aber noch kein kommunales Netzwerk für Kinder dar und werden daher dem Anspruch einer gemeinsamen Haltung und eines gemeinsamen Abstimmungsprozesses aller Akteure im Sinne einer kommunalen Verantwortungsgemeinschaft noch nicht gerecht. Diese kommt erst in der nächsten Stufe zum Tragen.

Koordination heißt
punktuell miteinander

27

Abbildung 3: Koordination

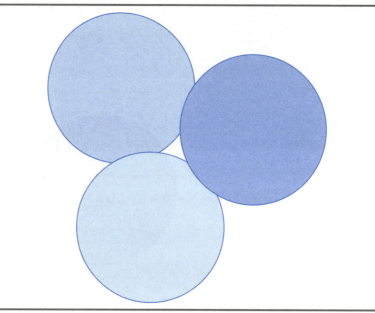

Die Stufe der Koalition

Koalition heißt
handlungsübergreifende
Abstimmung

In der Koalition arbeiten alle Akteure »rund ums Kind« zusammen, und zwar sektoren- und handlungsfeldübergreifend zwischen Politik-, Verwaltungs- und Fachebene der Bereiche Kinder- und Jugendhilfe, Soziales, Schule und Gesundheit. Die beteiligten Akteure überlegen im Vorfeld, welche Voraussetzungen vorliegen müssen, damit sie gemeinsam bedarfsorientierte Bildungsangebote für Kinder entwickeln und besser aufeinander abstimmen können. Dies erfordert neben neuen Formen der Zusammenarbeit nicht nur konzeptionelles Umdenken, sondern auch die Entwicklung einer gemeinsamen Haltung sowie eines neuen Rollenverständnisses des Einzelnen als Mitglied in einer gesamtkommunalen Verantwortungsgemeinschaft. Wenn dies gelingt, mündet die Koalition für frühkindliche Bildung im Idealfall in einen grundlegenden Wandel im kommunalen System, der auf Partizipation und einem gemeinsam verhandelten Konsens aller Akteure – politische Entscheidungsträger, Verwaltungs- und Fachebene sowie die Bürger und Eltern – beruht.

Eine kommunale Verantwortungsgemeinschaft lässt sich nun nicht einfach per Ratsbeschluss »installieren« oder durch die Initiative einiger Akteure ins Leben rufen. Im Folgenden wird deutlich, dass eine kommunale Verantwortungsgemeinschaft in Form eines Netzwerks nicht in erster Linie eine Struktur ist, die es – unter welcher Regie auch immer – einzurichten

Abbildung 4: Koalition

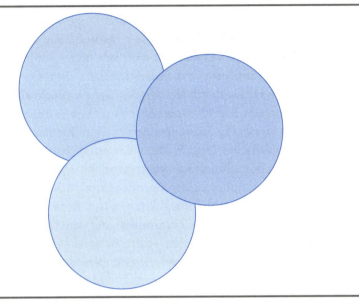

gilt, sondern das Ergebnis eines sorgfältig gesteuerten Aushandlungsprozesses aller Akteure in der Kommune.

Was ist Governance frühkindlicher Bildung?

Dem Anspruch, ein umfassendes und bedarfsgerechtes Bildungs- und Betreuungsangebot für alle Kinder bereitzustellen, können Kommunen bzw. die zuständigen kommunalen Akteure unter den derzeitigen Bedingungen nur unzureichend gerecht werden. Die Ursache dafür ist, dass die Zuständigkeiten für diesen Bereich organisatorisch, rechtlich und strukturell zergliedert und die einzelnen Akteure häufig nicht über die Aktivitäten anderer Zuständigkeitsbereiche informiert sind. Die vorhandenen Bildungs- und Betreuungsangebote sind in der Folge bruchstückhaft auf einzelne Lebens- und Entwicklungsphasen der Kinder ausgerichtet und werden von verschiedenen kommunalen Institutionen und Akteuren getrennt voneinander organisiert. Eine Abstimmung zwischen den Verantwortlichen findet in der Regel nicht statt.

Wie aber können die vielen verschiedenen Akteure »rund ums Kind« zu einer kommunalen Verantwortungsgemeinschaft zusammenwachsen? Wie lässt sich ein gemeinsamer Abstimmungs- und Handlungsprozess zwischen den vielen verschiedenen Akteuren auf den unterschiedlichen Hierarchie-

Bisher fehlen Koordination und Abstimmung

Governance bezeichnet Koordinierungsprozess

und Fachebenen realisieren? Eine mögliche Antwort auf die Fragen bieten Strategien der Governance frühkindlicher Bildung. Governance lässt sich nach Benz als die Gesamtheit der zahlreichen Wege beschreiben, auf denen Individuen sowie öffentliche und private Institutionen ihre gemeinsamen Angelegenheiten regeln: »Es handelt sich um einen kontinuierlichen Prozess, durch den kontroverse und unterschiedliche Interessen ausgeglichen und kooperatives Handeln initiiert werden kann« (Benz 2004: 17). Dieses breite Verständnis des Begriffs Governance umfasst in diesem Sinne die Koordination und Steuerung interdependenter Handlungen gesellschaftlicher Akteure: Als analytischer Begriff steht Governance für alle Formen und Mechanismen der Koordinierung zwischen mehr oder weniger autonomen Akteuren, deren Handlungen interdependent sind, d.h., die sich wechselseitig beeinträchtigen oder unterstützen können (vgl. Benz et al. 2007).

Governance stellt Verhandlung in den Mittelpunkt

Netzwerke stellen in diesem Zusammenhang eine Governance-Form dar, die gegenüber den anderen Formen – zum Beispiel Markt oder Hierarchie – den Vorteil der Verhandlung als vorherrschenden Mechanismus in den Mittelpunkt stellt. Unter dem Begriff Netzwerk wird in diesem Sinne, anders als mehrheitlich in der öffentlichen Diskussion, weitaus mehr verstanden als die neutrale Beschreibung einer Struktur, in der eine Menge von Akteuren mit einem bestimmten Inhalt verbunden sind (vgl. Wald und Jansen 2007). Das Besondere an Governance in Form von Netzwerken ist, dass eben nicht nur die reine Koordination gemeinsamen Handelns beschrieben wird, sondern neben diesen strukturellen Verankerungen auch die Mechanismen bzw. Prozessverläufe erfasst werden. Erst wenn diese Wechselwirkung zwischen Strukturen und Prozessverläufen in einem Netzwerk berücksichtigt wird, kann ein koordiniertes Handeln aller Akteure ermöglicht werden (vgl. Benz et al. 2007: 14).

Governance im Interesse des gemeinsamen Ganzen

Auf die frühkindliche Bildung übertragen ermöglichen Netzwerke den verschiedenen Akteuren »rund ums Kind«, sich über die Bedürfnisse von Kindern und deren Familien in der Kommune auszutauschen und gemeinsam in einem koordinierten Abstimmungs- und Handlungsprozess bedarfsorientierte Angebote und Strukturen zu entwickeln. Konkret heißt das: Alle Akteure – politische Entscheidungsträger, die Verwaltungs- und Fachebene sowie Bürger und Eltern – stimmen ihre je einzelnen Handlungen auf ein gemeinsames Ziel hin ab; kommunale Netzwerke werden in diesem Sinne gesehen als Koordinations- und Steuerungsmedien, »die Teilrationalitäten im Interesse des gemeinsamen Ganzen integrieren« (Weber 2005: 128). Dabei ist für die Akzeptanz und Legitimation des gemeinsamen Handlungsprozesses wichtig, dass die vorhandenen kommunalen Strukturen und Prozessorganisationen berücksichtigt und einbezogen werden. Alle Akteure in der Kommune behutsam auf den Aufbau neuer Strukturen und Mechanismen in einem kommunalen Netzwerk für Kinder vorzubereiten und diese schrittweise in den Prozess mit einzubeziehen, gehört zu den wichtigsten Faktoren eines Netzwerkprozesses.

Entwicklung eines kommunalen Netzwerks für Kinder

Das Netzwerk wird als eine idealtypische Koordinationsform von Governance frühkindlicher Bildung beschrieben. Hier kommen die wesentlichen Modi von Governance am besten zum Tragen: Eine kollektive Handlungsfähigkeit wird durch Verhandlung und Konsensbildung ermöglicht. Kennzeichnend dafür ist eine relative Gleichrangigkeit und Autonomie der verschiedenen Akteure sowie eine freiwillige und vertrauensvolle Zusammenarbeit (vgl. Wald und Jansen 2007). Von zentraler Bedeutung ist es deshalb, ein offenes Klima des Vertrauens und Verstehens innerhalb des kommunalen Netzwerks für Kinder aufzubauen und aufrechtzuerhalten sowie allen Akteuren Wege und Argumente dafür aufzuzeigen, wie und warum sie traditionelle Denkweisen – Einzelinteressen, Fachlogiken, Einzelzuständigkeiten – überwinden können, um den Bedürfnissen der Kinder und ihrem Recht auf Bildung besser gerecht zu werden.

Netzwerk – eine idealtypische Form von Governance

Wichtig ist, dass in Netzwerken kommunal orientierte Akteure (z. B. Kommunalpolitiker) mit operativ orientierten Akteuren (z. B. Vertreter von Trägern, der Fachebene, Eltern, Ehrenamtliche) koordiniert zusammenarbeiten und sich untereinander abstimmen, sowohl auf der horizontalen (ressortübergreifend) als auch der vertikalen Kooperationsebene (hierarchieübergreifend) (in Anlehnung an Benz et al. 2007; Weber 2005 und 2002; Fürst 2004). Auf der horizontalen Kooperationsebene arbeiten die Akteure innerhalb einer Ebene zusammen, zum Beispiel innerhalb der Politikfelder Gesundheit, Bildung, Soziales und Kinder- und Jugendhilfe, auf der vertikalen Kooperationsebene erstreckt sich die Zusammenarbeit über die Hierarchieebenen von Politik, Verwaltung, Fachebene, Bürgern und Eltern hinweg. Dass die einzelnen Akteure aus so unterschiedlichen Zusammenhängen wie Politik und Verwaltung einerseits sowie von Institutionen, Trägern und Organisationen andererseits sich verständigen können und in einen gemeinsamen Zielfindungs- und Abstimmungsprozess treten, ist nicht selbstverständlich, sondern erfordert einen gemeinsamen Lernprozess im Netzwerk, der auf vielfältige Weise angeregt und unterstützt werden kann.

Akteure und Kooperationsebenen im kommunalen Netzwerk

Abbildung 5: Akteure und Ebenen im kommunalen Netzwerk

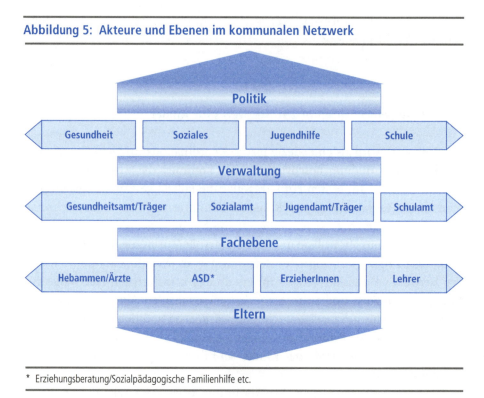

* Erziehungsberatung/Sozialpädagogische Familienhilfe etc.

Kommunale Netzwerkentwicklung als Lernprozess

Grundhaltung und
Bildungsverständnis

Für die Koordination und Steuerung im kommunalen Netzwerk für Kinder müssen – wie die »Kind & Ko«-Modellkommunen Chemnitz und Paderborn bestätigen – einige Voraussetzungen gegeben sein. Wichtigste Voraussetzung ist die Entwicklung einer gemeinsamen Haltung aller kommunalen Akteure, die im Netzwerk miteinander kooperieren: Nur wenn sie das Recht der Kinder auf Bildung ernst nehmen und bereit sind, sich an den Stärken und Bedürfnissen der Kinder zu orientieren, können sie sich aus voller Überzeugung für deren Belange und Bedürfnisse einsetzen. Ebenso wichtig ist es, die Eltern als eigenständige Akteure ernst zu nehmen, sie als Erziehungspartner anzuerkennen und mit ihnen in einen gemeinsamen Abstimmungs- und Handlungsprozess zu treten. Dafür müssen alle Beteiligten bereit sein, sich auf einen Lernprozess einzulassen (vgl. Weber 2005 und Kapitel 4.1).

Offenheit,
Vertrauen, Geduld

Charakteristisch für die Netzwerkentwicklung ist, dass alle Akteure im Netzwerk strukturell mit Komplexität, Steuerungsrisiken und Ungewissheiten konfrontiert werden. Netzwerkentwicklung ist in diesem Sinne als kommunikativer Lernprozess anzulegen, der eine offene Gestaltung der sozialen

Prozesse erfordert. Das dafür notwendige »Netzwerklernen« wird zum Ziel für alle Akteure in der Vernetzung und ist somit ständiger Begleiter des Netzwerkprozesses (vgl. Weber 2005):

- Dafür bedarf es dialogischer Settings und dialogischer Wissensentwicklung. Voraussetzungen sind eine kooperative Grundhaltung und soziale Kompetenzen.
- Eine Vielzahl von Spannungsverhältnissen begleiten den Netzwerkprozess, denen zu bestimmten Zeitpunkten immer wieder besondere Beachtung geschenkt werden muss. Die Ursachen von Spannungsfeldern liegen in der Unterschiedlichkeit der Akteure und ihren zum Teil widersprüchlichen Handlungslogiken, regionalen und örtlichen Gegebenheiten, politischen Prioritäten, Interessensverflechtungen, eingespielten Kooperationsbeziehungen sowie sozialräumlichen und wirtschaftlichen Rahmenbedingungen.
- Weil Netzwerke dynamische Beziehungs- und Kooperationsarrangements sind, gibt es keinen »one-best-way« im Sinne eines »managebaren« Gefüges. Eine wichtige Aufgabe in diesem Zusammenhang ist es, Lernprozesse in solchen komplexen Netzwerken wirksam zu gestalten. Dafür ist die Anwendung offener und prozessorientierter Verfahren unverzichtbar.
- Lernen in Netzwerkprozessen ist mit hoher struktureller und prozessualer Ungewissheit verbunden. Wichtig ist es deshalb, einen vertrauensvollen Umgang aufzubauen, der zu tragfähigen Beziehungen ausgebaut werden kann (vgl. Weber 2005).

Andere Kriterien für eine wirksame Governance betreffen den »guten Willen« und das Klima der Zusammenarbeit. Sie sind sowohl Voraussetzung als auch Ziel im Governance-Prozess. Dazu gehört beispielsweise, dass die für den frühkindlichen Bereich zuständigen Institutionen und Akteure dem Netzwerk offen gegenüberstehen, zu einer Mitarbeit bereit sind und freiwillig im Netzwerk mitarbeiten. Sie sind offen gegenüber neuen Entwicklungen, wollen das frühkindliche Bildungsangebot verändern und stehen einem Dialog aufgeschlossen gegenüber. Netzwerkakteure sind kommunikations- und kompromissfähig und müssen in der Lage sein, einen zuweilen sprunghaften, wechselvollen und auch ungewissen längerfristigen Prozess »auszuhalten«, auf den sie andererseits auch gestaltenden Einfluss haben.

1.3 Netzwerker –
Die Fäden ziehen und zusammenhalten

Rolle – Profil – Aufgaben

Zitat einer Jugendamtsleiterin

»Kooperation und Vernetzung läuft nicht von alleine. Wer das glaubt, unterliegt einem Trugschluss. Unsere Erkenntnis ist die, dass ein Motor da sein muss, der die Zusammenarbeit immer und immer wieder anstößt.«

Zentral für den Erfolg eines komplexen kommunalen Netzwerkprozesses ist ein »Motor und Initiator« (Weber 2005: 150), bei dem die vielen unterschiedlichen Fäden und Prozesse im Netzwerk zusammenlaufen können. Eine solche zentrale Stelle im Netzwerk wahrt den Überblick, hört die verschiedenen Meinungen an, vermittelt zwischen den Beteiligten, behält den komplexen Prozess im Blick und achtet deshalb u.a. darauf, dass alle Akteure am gemeinsam vereinbarten Zielfindungs- und Abstimmungsprozess arbeiten können. Diese Schlüsselfunktion in der Kommune übernehmen Netzwerker. Von ihrer Qualifizierung und Legitimation in der Kommune (und natürlich ihrem finanziellen Handlungsspielraum) hängt in Bezug auf die Wirksamkeit des kommunalen Netzwerks für Kinder sehr viel ab.

Der Netzwerker bringt den Netzwerkprozess in Gang und hält ihn in Bewegung. Zu Beginn übernimmt er wesentliche erste Aufgaben. Er präzisiert den Zweck des kollektiven Zusammenarbeitens, versucht Mitstreiter und Mehrheiten dafür zu gewinnen, organisiert erste Foren und übernimmt die für die Handlungsfähigkeit des Netzwerks notwendigen logistischen Vorarbeiten.

Netzwerker unterstützen die Entwicklung von Neuem aus Vorhandenem in der Kommune. Dies gilt gleichermaßen für Beziehungen, Strukturen wie auch für Prozesse. Dabei muss er selbst sowohl kreativ als auch strukturiert vorgehen. Eine wichtige Voraussetzung dafür ist, dass er seine Rolle selbstkritisch reflektieren und bei Bedarf verändern kann, denn er wird in seiner Rolle auch mit Unsicherheiten und Ungewissheiten konfrontiert.

Darüber hinaus sind Netzwerker für die Außendarstellung des Netzwerks und seiner Arbeit zuständig, indem sie beispielsweise erfolgreiche Konzepte und viel versprechende Good-Practice-Beispiele der kommunalen Öffentlichkeit vorstellen. Getreu dem Motto »Tue Gutes und rede darüber« betreuen sie die Presse- und Öffentlichkeitsarbeit: Sie informieren die lokalen Redaktionen über Neuigkeiten und Erfolge in der Förderung von Kindern und deren Familien, erstellen Dokumentationen, Broschüren oder Flyer, organisieren »Tage der offenen Tür« oder Info-Events und vieles mehr. Auf diesem Wege werben sie um aktive Unterstützung in der Kommune und tragen dazu bei, dass sich in der Kommune eine gemeinsame Vorstellung von der Förderung von Kindern und Jugendlichen entwickelt und die Bürger sich mit diesem gemeinsamen Anliegen identifizieren.

Tue Gutes und rede darüber

Vgl. Expertise von Dr. Mathias Urban »Double-Loop-Learning. pdf«

Zitat einer Netzwerkerin

»Ich bin auf eine gute Zusammenarbeit aller Beteiligten angewiesen. Denn für meine Arbeit brauche ich die Kompetenz und das Engagement der Partner, ihre Bereitschaft, mit mir aktiv zu werden und mich mit Informationen auf dem Laufenden zu halten. Dafür ist es wichtig, dass meine Person und Rolle in der Kommune bekannt und anerkannt sind, weshalb es wiederum sehr wichtig ist, meine Funktion »neutral« auszuüben. Schließlich arbeiten wir in diesem Projekt mit unterschiedlichen Trägern und Institutionen zusammen. Zudem brauche ich eine gute Portion Ehrgeiz und Eigeninitiative, um die Projektziele konsequent und nachhaltig zu verfolgen und nicht zwischen den einzelnen Interessen unterzugehen. Ich brauche Geduld und Zeit für den Prozess, der nicht von heute auf morgen die Welt verändern kann, sondern langsam und stetig zum Ziel führt. Und ich muss offen und kommunikationsfreudig sein, auf Partner zugehen können. Nicht zuletzt bin ich angewiesen auf eine gute Lobby in Politik und Verwaltung, d.h. in den Entscheidungsgremien. Denn unsere gute Projektarbeit kann nur durch ihre politische Verankerung und Unterstützung langfristige und nachhaltige Erfolge erzielen.« (Kita Aktuell, 04/2006)

35

Rolle und Aufgaben des Netzwerkers im kommunalen Netzwerk für Kinder

Zentrale Instanz für Koordination, Information und Motivation

Der Netzwerker bildet eine zentrale Schnittstelle zwischen den vielen unterschiedlichen kommunalen Akteuren. Er bewegt sich dabei zwischen allen Akteuren aus Politik und Verwaltung als auch der Fachebene und Eltern. Aufgrund dieser Konstellation steht er vor der Herausforderung, sich nicht von einzelnen Akteuren und deren spezifischer Logik vereinnahmen zu lassen. Insofern ist die Unabhängigkeit dieser Rolle ein immerwährender Prüfstein für die besondere Stellung des Netzwerkers. Aus diesem Grund müssen die Rolle des Netzwerkers und seine Aufgabenbereiche von allen relevanten politischen Entscheidern autorisiert sein.

Für die Koordination eines kommunalen Netzwerks für Kinder gibt es bisher kaum Vorbilder in Deutschland. Auf der Grundlage der Erfahrungen aus den beiden Modellkommunen Paderborn und Chemnitz lassen sich folgende zentrale Aufgaben benennen, die ein Netzwerker – als Motor des Netzwerkprozesses – ausübt:

- Netzwerker geben inhaltliche Ideen und Impulse in den Prozess ein,
- Netzwerker koordinieren die einzelnen Prozesse,
- Netzwerker leiten die wichtigsten Informationen an alle Akteure weiter,
- Netzwerker motivieren die einzelnen Akteure dazu, sich kontinuierlich am Prozess zu beteiligen,
- Netzwerker moderieren Prozesse und regen vertrauensbildende Maßnahmen zwischen den Akteuren an, damit diese aufeinander zugehen können. Ggf. vermitteln Netzwerker in Konfliktsituationen zwischen den Akteuren.

Im Folgenden sollen die einzelnen Aufgaben näher beschrieben werden:

Der Netzwerker als Ideen- und Impulsgeber

In der Rolle des Ideen- und Impulsgebers bringt der Netzwerker neue Inhalte in den kommunalen Netzwerkprozess ein. Er erkennt Entwicklungen und kommuniziert Leitziele, die dem aktuellen ganzheitlichen Bildungsverständnis entsprechen. Er begleitet die Akteure bei der Entwicklung von operativen Zielen und der Suche nach geeigneten Wegen zur Umsetzung von Maßnahmen. Er informiert die Bürger über den Stand der Dinge und bietet ihnen Möglichkeiten an, sich am Netzwerk zu beteiligen.

Der Netzwerker als Koordinator

Die Aufgaben und die Funktion des Netzwerkers verändern sich im Laufe der Zeit. Zu Beginn ist er schwerpunktmäßig mit dem Aufbau des kommunalen Netzwerks befasst. Dazu gehört u.a. neue Mitstreiter zu gewinnen, funktionierende Gremien aufzubauen, Arbeitsgruppen zu moderieren, Veranstaltungen zu planen u.v.m. Mit fortschreitender Entwicklung geht er zunehmend dazu über, die Eigendynamik des Systems zu fördern: Er berät Arbeitsgruppen, die jetzt von anderen moderiert werden, motiviert die Akteure zur Selbstaktivität und versucht ihre Eigenverantwortung zu steigern.

Anders ausgedrückt: Mit fortschreitender Dauer übernimmt der Netzwerker zunehmend übergeordnete Aufgaben und stellt beispielsweise auch die Evaluation des Projektes sicher. Außerdem vereinbart der Netzwerker in seiner Eigenschaft als Koordinator mit den Akteuren die Formen des Umgangs miteinander.

Zu den Aufgaben des Netzwerkers gehört es, Schwierigkeiten und Widerstände zu überwinden. Das umfasst beispielsweise,

- bei den Akteuren einen Perspektivenwechsel zu initiieren,
- einen Dialog zwischen den verschiedenen Berufsgruppen und politischen Ebenen herbeizuführen,
- Fachlogiken und Einzelinteressen zu überwinden,
- kompetente Mitarbeiter langfristig für die Mitarbeit im Netzwerk zu akquirieren,
- Strategien für eine bedarfsgerechte Umsetzung zu entwickeln.

Zu den zentralen Aufgaben des Netzwerkers gehört die systematische Informationsarbeit. Er sammelt gezielt Informationen über Themen, die für das Netzwerk relevant sein können, und bereitet diese den Akteuren zur weiteren Bearbeitung auf. Auf Wunsch recherchiert er zusätzliche Hintergrundinformationen und macht sich mit den Themen vertraut, um Rückfragen beantworten zu können.

Der Netzwerker als Informationsvermittler

Um über die Strukturen und Prozesse in der frühkindlichen Bildung innerhalb der Kommune auf dem Laufenden zu sein, holt er immer wieder aktuelle Informationen über die bildungs- und sozialverwalteten Strukturen ein und leitet diese weiter, wo sie benötigt werden. Auf diese Weise trägt er dazu bei, dass die beteiligten Akteure über die Struktur und die Abläufe in der Kommune im Bereich frühe Bildung gleichermaßen »im Bilde« sind und zielgerichtet handeln können. Außerdem muss der Netzwerker erkennen, worin die Kompetenzen der einzelnen Institutionen liegen. Diese Erkenntnisse trägt er zusammen und leitet sie an alle Akteure in der Kommune weiter.

Netzwerker sind versierte Gesprächspartner und Motivationskünstler. Kommunikation macht rund 70 Prozent der Koordinationsarbeit aus. Netzwerker sprechen kommunale Akteure an, zeigen Visionen auf, haben ein Gespür für neue Ideen und Argumente und machen sie öffentlich. Sie ermuntern die Beteiligten zur Kommunikation untereinander. Dies gilt gleichermaßen für Kitas, Beratungsstellen, Familienbildung, Schulen, Ärzte oder andere beteiligte Gruppen auf der horizontalen als auch auf der vertikalen Governance-Ebene zwischen Politik, Verwaltung, Fachwelt sowie Eltern und Bürgern. Diese Eigenschaften befähigen Netzwerker u.a. dazu, den Handlungsbedarf in der Kommune zu identifizieren.

Der Netzwerker als Motivator

Der Netzwerker als
Moderator und Mediator

Der Netzwerker sollte als Mittler das gesamte kommunale System mit allen seinen für die frühkindliche Bildung relevanten Faktoren im Blick haben. In seiner Eigenschaft als Moderator begleitet und unterstützt der Netzwerker die Gremien des kommunalen Netzwerks und die Steuerung der Prozesse. Er vermittelt zwischen allen Beteiligten: der kommunalen Verwaltung, der Politik, den Anbietern von sozialen, gesundheitlichen und pädagogischen Leistungen (der Fachebene) sowie den Eltern und Bürgern. Als Mediator (Streitschlichter) verschafft er sich einen Überblick über die verschiedenen Interessen, überlegt geeignete Strategien und Maßnahmen zur Lösungsfindung und versucht, Konflikte beizulegen. Auch wenn die Koordinationsstelle in der Jugendhilfe angesiedelt ist, achtet er darauf, eine politikfeldübergreifende Position zu wahren.

Es ist eine der zentralen Aufgaben der Netzwerk-Initiatoren, die Rolle und die Aufgaben des Netzerkers innerhalb dieses großen Spektrums abzustimmen.

Bericht einer Jugendamtsleiterin

»Unsere Erkenntnis ist, dass ein Motor da sein muss, der Kooperation immer wieder anstößt und am Laufen hält. Die Netzwerkerin, die auch in den Arbeitsgruppen mitarbeitet, bringt mit zwei Teilzeit-Mitarbeitern zurzeit diese Dinge immer wieder in Gang. Sie ist die Anlaufstelle für alle Beteiligten und Ansprechpartnerin für die zahlreichen Fragen, die aus den verschiedenen Arbeitsgruppen kommen, und auch ich spreche sie immer an, wenn es um das Projekt geht, wenn es irgendwelche weiteren Überlegungen gibt. Das Koordinierungsbüro ist sozusagen das Herz des Ganzen, und dieses Herz müssen wir am Klopfen erhalten, damit der Patient überlebt. Und da bereiten wir zurzeit einiges vor, aber eine Stadtverwaltung ist ja auch so, dass wir natürlich immer in Haushaltsjahren denken …«

Wer kommt für die Aufgabe des Netzwerkers infrage?

Für die Besetzung einer Netzwerkstelle bieten sich grundsätzlich zwei Möglichkeiten an:
- *1. Möglichkeit:* Mit der Koordination wird eine Person, die bereits eine Funktion ausübt, zusätzlich beauftragt. Diese Praxis wird in der Regel in Kommunen gehandhabt, die über kein Budget für eine Vollzeitstelle verfügen. Der Nachteil ist, dass der Netzwerker durch andere Aufgaben gebunden ist und in Interessen- und Rollenkonflikte geraten kann.

- *2. Möglichkeit:* Es wird eine neue Stelle (oder mehrere) für diese Aufgabe geschaffen. Sie kann von einem eigens dafür freigestellten Mitarbeiter der Stadt oder von einer externen Person besetzt werden.

Für Netzwerker kommt folgender Personenkreis infrage:

- *Fachberatungen für Kindertageseinrichtungen:* Sie kennen sich in frühkindlicher Bildung bestens aus, sind meist geübt im Moderieren und in Wissensvermittlung und verfügen über Erfahrungen in der Öffentlichkeitsarbeit. In der Regel kennen sie die kommunale Verwaltung und die für ihren Bereich zuständigen politischen Gremien. Viele haben bereits an Kooperationsprojekten mitgewirkt.
- *Jugendhilfeplaner:* Sie haben einen sehr guten Überblick über die kommunale Jugendhilfestruktur, kennen den Handlungsbedarf und sind nahe an der Basis (positiv: Jugendhilfeplanung ist i.d.R. Stabsstelle). Sie sind bereits in Entscheidungen zur Jugendhilfeplanung, wissenschaftlichen Reflexion, Bedarfserhebung u.a. eingebunden und haben meist Erfahrung in der Arbeit mit Gremien und der Moderation zielorientierter Prozesse.
- *Weitere Mitarbeiter des Jugendamtes* mit entsprechender Qualifikation, die bereits ihre wertschätzende Grundhaltung gegenüber anderen (auch anders denkenden) Menschen, ihre Unparteilichkeit und Integrationsfähigkeit unter Beweis stellen konnten und an politischer Willensbildung beteiligt waren.
- *Mitarbeiter freier Träger,* zum Beispiel Sozialpädagogen, die in die Stadtteilarbeit eingebunden sind.

Welche Qualifikation benötigt ein Netzwerker?

Der für den Netzwerker infrage kommende Personenkreis wie Fachberatungen, Jugendhilfeplaner sowie Mitarbeiter des Jugendamtes oder freier Träger weist bereits eine weitreichende Qualifikation auf. Vom Netzwerker werden jedoch, wie sich aufgrund der Erfahrungen in den Kommunen gezeigt hat, zusätzliche Kompetenzen (»hard skills«) erwartet, insbesondere:

Fachkenntnisse und Erfahrungen

- sozialwissenschaftliche Ausbildung und Fachkenntnisse im Bereich frühkindlicher Bildung
- nach Möglichkeit Berufserfahrung in der Kommune
- Erfahrungen im Umgang mit und der Steuerung von unterschiedlichen Interessengruppen
- Kenntnis der bildungs- und sozialverwaltenden Strukturen in der Kommune sowie den lokalen/regionalen Institutionen und Berufsgruppen rund um den Themenbereich frühe Kindheit

- (Kommunal-)politische Berufserfahrung
- Erfahrungen in der Arbeit mit Netzwerken
- Kenntnisse und Erfahrung in Projektmanagement sowie in der Gestaltung und Organisation von Prozessen
- Kompetenz in Moderation und Präsentation
- Politisch-strategisches Know-how und die Fähigkeit, zwischen Politik, Fachebene, Trägerverbänden, Eltern etc. zu vermitteln

Persönlichkeits-
merkmale und soziale
Kompetenzen

Neben Fachwissen sollten Netzwerker auch über ein hohes Maß an sozialer Kompetenz und über spezielle Persönlichkeitsmerkmale (»soft skills«) verfügen, insbesondere:

Vgl. Stellen-
beschreibung
Netzwerker.pdf«

- hohe Kommunikations- und Sozialkompetenz sowie Kooperationsfähigkeit
- Toleranz und Offenheit im Umgang mit allen Beteiligten
- Durchsetzungsvermögen in Bezug auf fachlich zu vertretende Standpunkte und im Interesse des Vernetzungsprozesses
- konzeptionelles und strategisch-planerisches Geschick
- sicherer und »neutraler« Auftritt in der Kommune
- hohe Kreativität
- Motivation, Offenheit und persönliche Einsatzbereitschaft
- Flexibilität im Arbeitseinsatz
- Vermittlungskompetenz bei Interessenkonflikten
- Bereitschaft zur Fortbildung

Wo könnte eine Netzwerkerstelle angesiedelt sein?

Wo die Koordinationsstelle am besten aufgehoben ist, hängt von den kommunalen Strukturen und Gegebenheiten ab. Die Entscheidung über eine geeignete Verankerung sollte gut durchdacht werden.

Ansiedlung beim
Jugendamt

Es liegt nahe, eine entsprechende Stelle innerhalb des Jugendamtes zu positionieren, weil mit der Jugendamtsleitung alle wichtigen Punkte abzustimmen sind. Bei dieser Entscheidung sind insbesondere folgende Vor- und Nachteile abzuwägen:

- *Pro:* Für eine Ansiedlung spricht, dass der Netzwerker auf Augenhöhe mit den pädagogischen Fachkräften aus Kitas, Tagespflege und anderen Bereichen kommunizieren kann. Aufgrund seiner Nähe zur örtlichen Jugendhilfestruktur (Fachberater, Jugendhilfeplaner, Vertreter anderer Träger u.a.) ist es ihm möglich, bei Bedarf schnell Unterstützung anzufordern.
- *Contra:* In diesem Fall kann es für ihn aber schwieriger werden, interessenübergreifend tätig zu sein, weil er der öffentlichen Verwaltung mit ihrer

40

Logik und ihren Interessen zugeordnet ist. Deshalb besteht die Gefahr, dass Vertreter vermeintlich anderer Interessenfelder bei Kontroversen seine Legitimation infrage stellen könnten. Auch könnten seine Möglichkeiten begrenzt sein, unabhängig von den bestehenden Hierarchien zu agieren.

Eine Alternative besteht darin, die Koordination zwar beim Jugendamt anzusiedeln, sie aber als Stabsstelle direkt dem Bürgermeister der Kommune zu unterstellen. In diesem Fall würde er sie schriftlich legitimieren und den Netzwerker persönlich einführen. Auch diese Alternative hat ihre Vor- und Nachteile:

Dem Bürgermeister unterstellte Stabsstelle

- *Pro:* Die Legitimation und Autorisierung durch den Bürgermeister ordnet den Netzwerker der obersten Leitungsebene zu. Er ist den Amtsleitern gleichgestellt und nur dem Bürgermeister gegenüber weisungsgebunden. Diese Position stattet den Netzwerker mit weitreichenden Befugnissen aus, die auch höhere Leitungsebenen nicht ignorieren können, und verschafft ihm Anerkennung auch außerhalb der öffentlichen Verwaltung. Diese Position erleichtert es ihm, gegenüber Vertretern verschiedener Interessenbereiche und Politikfelder relativ neutral und ungebunden zu agieren.
- *Contra:* Gleichwohl besteht die Gefahr, dass der Netzwerker von dem höchsten politischen Beamten (dem Bürgermeister) einseitig instrumentalisiert wird und bei jeder Kommunalwahl um seine Legitimation bangen muss. Eine andere Gefahr könnte sein, dass er die Nähe zur Praxis und Fachebene sowie deren Strukturen und Kontakte verliert und seine »Machtposition« sich ungünstig auf Vertrauen und Gleichrangigkeit auswirkt.

Alternativ ist beispielsweise auch denkbar, die Netzwerkstelle bei einem freien Träger anzusiedeln oder von allen Trägern in der Kommune gemeinsam finanzieren zu lassen, sodass der Netzwerker seinen gesamtkommunalen Auftrag umsetzt. In allen Fällen empfiehlt es sich, dass seine Person und Funktion von Beginn an von den kommunalen Akteuren als überparteilich, überinstitutionell, politikfeldübergreifend und interessenunabhängig anerkannt und legitimiert ist und dass er die für seine Aufgabe erforderlichen Kompetenzen hat.

Netzwerkstelle bei einem freien Träger

1.4 Von der Theorie in die Praxis

Eine integrierte Strategie für ein kommunales Netzwerk für Kinder

Kinder haben ein Recht darauf, in einem Umfeld aufzuwachsen, das bestmögliche Bildungs- und Entwicklungschancen für sie bereithält. Wie wir gesehen haben, gibt es viele Instanzen, die dazu beitragen können. Wenn allerdings jede Institution, jede Behörde, jede Organisation und sogar jede Familie gewissermaßen als Einzelkämpfer in ihrem bescheidenen Rahmen nach Lösungen sucht, kann kein optimales Ergebnis für das kommunale Bildungsklima und schon gar kein optimales Ergebnis für jedes Kind erzielt werden.

Kindergerechte Lebensbedingungen brauchen eine kommunale Gesamtstrategie. Das ist ein hoher Anspruch. Aber in dem Begriff »Strategie« steckt schon die Antwort darauf, was kommunale Akteure tun können und müssen, wenn sie das Recht aller Kinder auf soziale Teilhabe – und die setzt Bildung voraus – ernst nehmen.

Strategisches Handeln erhöht die Chance, ein Ziel zu erreichen, erheblich. Es definiert die Handlungsschritte zwischen Ausgangslage, Problemstellung, Ziel, Maßnahmen, Umsetzung und Bewertung der Ergebnisse. Governance frühkindlicher Bildung schafft dafür die geeigneten Rahmenbedingungen. Ihr Ziel ist es, ein neues Bildungsverständnis sowie ein bildungs- und entwicklungsfreundliches Klima in das Denken, Entscheiden und Handeln aller kommunalen Akteure zu integrieren.

Aber der Begriff Governance enthält noch eine weitere wesentliche Komponente erfolgreichen Handelns: den Netzwerkgedanken. Eine im Netzwerk abgestimmte Strategie kommt weder »von oben« noch »von unten«, und wenn alle Hürden bis zur Konsensbildung erst einmal geschafft sind, braucht man sich über Akzeptanz und Legitimierung des Vorhabens keine Gedanken mehr zu machen. Bis dahin ist es, zugegeben, ein nicht gerade kurzer Weg: Bis sich gewissermaßen aus Sicht der Kinder die ersten Erfolge einstellen, müssen die Beteiligten viel Geduld aufbringen. Dazwischen gibt es aber schon jede Menge Erfolgserlebnisse, von denen die Netzwerkerinnen aus den »Kind & Ko«-Modellkommunen Chemnitz und Paderborn mit Begeisterung berichten können, zum Beispiel, wenn es gelungen ist, Akteure zusammenzubringen, die vorher kaum Notiz voneinander genommen haben.

Im nächsten Kapitel, das Schritt für Schritt die Umsetzungsschritte zu einem kommunalen Netzwerk für Kinder beschreibt, werden diese Erfolgsmöglichkeiten gut sichtbar.

Literatur zu Kapitel 1

Benz, Arthur. »Governance – Modebegriff oder nützliches sozialwissenschaftliches Konzept?«. *Governance – Regieren in komplexen Regelsystemen*. Hrsg. Arthur Benz. Wiesbaden 2004. 11–28.

Benz, Arthur, Susanne Lütz, Uwe Schimank und Georg Simonis (Hrsg.). *Handbuch Governance. Theoretische Grundlagen und empirische Anwendungsfelder*. Wiesbaden 2007.

Bertram, Hans. *Zur Lage der Kinder in Deutschland. Politik für Kinder als Zukunftsgestaltung*. Florenz 2006.

Bundesjugendkuratorium (BJK). *Neue Bildungsorte für Kinder und Jugendliche*. Bonn 2004.

Bundesministerium für Familie, Senioren, Frauen und Jugend (BMFSFJ): *Elfter Kinder- und Jugendbericht. Bericht über die Lebenssituation junger Menschen und die Leistungen der Kinder- und Jugendhilfe in Deutschland*. Bonn 2002. www.dbjr.de/uploadfiles/11_Jugendbericht_gesamt.pdf (Stand 14.2.2008).

Bundesministerium für Familie, Senioren, Frauen und Jugend (BMFSFJ): *Zwölfter Kinder- und Jugendbericht. Bericht über die Lebenssituation junger Menschen und die Leistungen der Kinder- und Jugendhilfe in Deutschland*. Berlin 2005. www.bmfsfj.de/RedaktionBMFSFJ/Abteilung5/Pdf-Anlagen/zwoelfter-kjb,property=pdf.pdf, Rev. 2008-02-14.

Fürst, Dietrich. »Regional Governance«. *Governance – Regieren in komplexen Regelsystemen*. Hrsg. Arthur Benz. Wiesbaden 2004. 45–64.

Niesel, Renate. »Der Übergang vom Kindergarten in die Grundschule«. *Dokumentation Dreikäsehoch. Kita-Preis zum Thema: »Von der Kita in die Schule«*. Gütersloh 2005. www.kinder-frueher-foerdern.de.

Stern, Cornelia, Christian Ebel, Veronika Schönstein, Oliver Vorndran (Hrsg.). *SEIS als Ausgangspunkt regionaler Schulentwicklung. Anregungen zum Aufbau von Bildungslandschaften*. Gütersloh 2008 (in Vorbereitung).

Toronto First Duty. *Indicator of Change*. Toronto 2005. www.toronto.ca/firstduty/indicators_oct2005.pdf (Stand 14.2.2008).

Unicef. »Child poverty in perspective: an overview of child well being in rich countries«. *Innocenti report card* 7/2007.

Wald, Andreas, und Dorothea Jansen. »Netzwerktheorien«. *Handbuch Governance. Theoretische Grundlagen und empirische Anwendungsfelder*. Hrsg. Arthur Benz, Susanne Lütz, Uwe Schimank und Georg Simonis. Wiesbaden 2007. 188–199.

Weber, Susanne. *Vernetzungsprozesse gestalten*. Wiesbaden 2002.

Weber, Susanne. »Netzwerkentwicklung als Lernprozess«. *Mit Netzwerken professionell zusammenarbeiten. Band II: Institutionelle Netzwerke in Steuerungs- und Kooperationsperspektive*. Hrsg. Petra Bauer und Ulrich Otto. Tübingen 2005. 127–179.

2 Aufbau eines kommunalen Netzwerks für Kinder

2.1 Schritt für Schritt zum Aufbau eines kommunalen Netzwerks für Kinder

Eine Übersicht über den Ablauf und die wichtigsten Mitstreiter

Was können die Menschen in der kommunalen Politik und Verwaltung nun konkret tun, um die Verantwortungsgemeinschaft »rund ums Kind« auf den Weg zu bringen? Was können die Akteure aus der Fachebene sowie Eltern und andere Bürger dazu beitragen, dass die Bildungsvoraussetzungen für Kinder in ihrer Kommune optimiert werden?

Als Erstes müssen sie die Grundvoraussetzungen für ein erfolgreich arbeitendes Netzwerk schaffen. Das sind geeignete Netzwerkstrukturen und der Wille zum gemeinsamen Handeln. Diese beiden Grundpfeiler des Netzwerks entfalten eine Wechselwirkung, die Veränderung in Gang bringt – sowohl bei den Strukturen als auch im gemeinsamen Handeln. Ein erfolgreich arbeitendes Netzwerk führt deshalb zu neuen Formen der Zusammenarbeit, zu einer Bündelung von Wissen, Ressourcen und Entscheidungskompetenz und mündet schließlich – wenn alles gut läuft – in neue Angebote und ein besseres Bildungs- und Entwicklungsklima für Kinder.

Aufbau von Strukturen

Zunächst müssen also die strukturellen Voraussetzungen für eine Vernetzung der Fachbereiche Bildung, Soziales, Gesundheit sowie Kinder- und Jugendhilfe über alle Ebenen hinweg geschaffen werden: von der Politik und Verwaltung über die Fachebene zu den Eltern und anderen interessierten Bürgern. Erst ein solches *geplantes* Zusammenspiel der Akteure ermöglicht es, die frühkindliche Bildung in gesamtkommunaler Verantwortung voranzubringen und zu verbessern. Anstatt – wie bisher – nur punktuell oder eher zufällig zu kooperieren, sollen die Netzwerkstrukturen dazu führen, dass sich alle Akteure aktiv an Austausch, Zusammenarbeit und Abstimmung be-

Wirksame
Netzwerkstrukturen

teiligen und sich darum bemühen, vorgegebene Zuständigkeiten zu überwinden. Netzwerkstrukturen und -projekte sind kommunalpolitisch verankert und erzielen dadurch eine breitestmögliche Zustimmung und Identifikation bei der Bevölkerung.

Gemeinsames Handeln im Netzwerk

Qualität der
Zusammenarbeit

Eine gute Netzwerkstruktur ist natürlich nur Mittel zum Zweck: Sie dient dazu, die inhaltlichen Ziele zu erreichen – für eine nachhaltige Verbesserung der Bildungschancen von Kindern in der Kommune. Ausschlaggebend für den Erfolg ist die Qualität der Zusammenarbeit im Netzwerk. Damit gemeinsames Handeln im kommunalen Netzwerk entsteht, bedarf es vielfältiger Anregungen, Unterstützung, Anleitung und Bestärkung. Wir kommen in Kapitel 3 darauf zurück, welche Schritte die Akteure im Einzelnen gehen müssen, bis sie sich auf gemeinsame Ziele und Handlungsempfehlungen mit konkreten Maßnahmen zur Verbesserung der Bildungs- und Entwicklungschancen geeinigt haben.

Wechselwirkung von Struktur und gemeinsamem Handeln

Struktur und Prozess
in Wechselbeziehung

Der Aufbau der Struktur für ein kommunales Netzwerk und das gemeinsame Handeln der Akteure werden in diesem Buch der besseren Anschaulichkeit halber in zwei Kapiteln behandelt. In der Realität gehören sie natürlich zusammen. In der kommunalen Wirklichkeit gibt es eine Vielzahl von komplexen Wechselbeziehungen zwischen der dynamischen Struktur des Netzwerks und der darin stattfindenden Aktivitäten. Die Struktur verändert sich, weil sie, je nachdem, in welcher Phase sich das Netzwerk befindet, immer wieder neuen Handlungsanforderungen angepasst werden muss. In der Anfangsphase des Netzwerks beispielsweise sollten die strukturellen Rahmenbedingungen dafür vorliegen, dass die Akteure – Entscheidungsträger aus Politik und Verwaltung, Vertreter der Fachebene sowie Eltern und andere Bürger – gemeinsam Leitbilder und Ziele zur frühkindlichen Bildung in der Kommune entwickeln und festschreiben können. Im weiteren Verlauf werden die strukturellen Voraussetzungen – zum Beispiel das Steuerungsgremium und Arbeitsgruppen – für die konkrete Arbeit innerhalb des Netzwerks geschaffen. Je nachdem, wie sich die Ziele des Netzwerks entwickeln und konkretisieren, ist unter Umständen eine Erweiterung/Modifizierung der Netzwerkstruktur notwendig.

Verlässlichkeit und
Dynamik

Diese Wechselwirkung von Struktur und Prozess im kommunalen Netzwerk kommt nur dann zum Tragen, wenn es vom Konzept her dynamisch und offen für Veränderungen angelegt ist, getreu der Feststellung: Vernetzung ist generell sprunghaft, nicht linear und ungewiss zu rekonstruieren (Weber 2005 und 2002). Die Erfahrung bestätigt, dass insbesondere Netzwerke, die auf einen interdisziplinären und ressortübergreifenden Dialog ausgerichtet sind, besonders erfolgreich agieren. Dieser Dialog berücksichtigt, dass vieles nicht planbar und vorhersehbar ist, was für viele der Beteiligten neu und ungewohnt ist. Deshalb ist davon auszugehen, dass die Leistung und Stärke von Netzwerken erst nach einer längeren Zusammenarbeit der Akteure zur vollen Entfaltung kommt, wenn sie Vertrauen zueinander gefunden haben und sich als Partner auf dem Weg zu einem gemeinsamen Ziel verstehen.

Grundstruktur eines kommunalen Netzwerks für Kinder

Die in Abbildung 6 vorgestellte Grundstruktur für ein kommunales Netzwerk für Kinder wurde in den »Kind & Ko«-Modellkommunen Chemnitz und Paderborn erprobt und kann anderen Kommunen als Anregung dienen. Diese Struktur ist jedoch nicht als starre Vorgabe zu sehen, sondern kann je nach kommunalspezifischen Gegebenheiten auch variieren und andere Formen annehmen.

Abbildung 6: Grundstruktur eines kommunalen Netzwerks

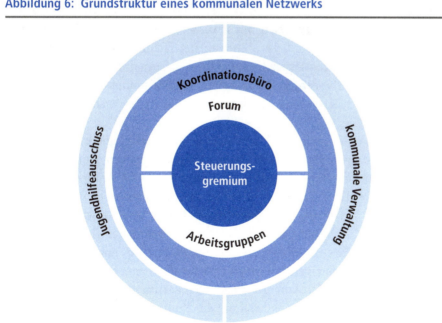

Steuerungsgremium als innerer Kern

Im Zentrum befindet sich ein Steuerungsgremium. Es geht entweder aus einem bereits bestehenden kommunalen Gremium hervor, das diese Aufgabe übernimmt, oder es wird neu geschaffen. Im Steuerungsgremium sind kommunale Entscheidungsträger aktiv, möglichst aus verschiedenen Bereichen wie Kinder- und Jugendhilfe, Gesundheit, Bildung, Soziales, Schule, aber auch Vertreter der freien Träger und Elternvertreter. In diesem Gremium werden die kommunalspezifischen Entscheidungen für die Vernetzungsprozesse getroffen. Das Steuerungsgremium sollte nicht zu viele Mitglieder umfassen, um handlungs- und entscheidungsfähig zu sein.

Arbeitsgruppen und Forum

Das Steuerungsgremium ist umrahmt von Arbeitsgruppen und einem *Forum*, beides zentrale Elemente des interprofessionellen Dialogs im Netzwerk. An diesem Dialog nehmen möglichst viele Multiplikatoren aus den verschiedenen Berufen und Organisationen »rund ums Kind« vor Ort teil. Das sind neben den Elternvertretern und Bürgern alle Berufsgruppen aus den Bereichen Bildung, Soziales, Gesundheit, Kinder- und Jugendhilfe und Schule wie beispielsweise Hebammen, Erzieher, Grundschullehrer, Logopäden, Kinderärzte etc., aber auch Geburtskliniken, Familienbildungsstätten, Beratungseinrichtungen, Kitas, Schulen, Krankenkassen usw., alles Akteure, die in den Kommunen direkt oder indirekt mit Kindern zu tun haben.

Das Forum ist ein breit angelegtes Gremium, das ein bis vier Mal im Jahr zusammentrifft. Hier identifizieren die oben genannten Akteure mit Blick auf die ganze Kommune den vorhandenen Handlungsbedarf, diskutieren die von den Arbeitsgruppen eingebrachten Vorschläge für konkrete Maßnahmen des Netzwerks und beraten deren Umsetzung. Die Arbeitsgruppen arbeiten noch konkreter: Sie setzen sich mit jeweils einem Schwerpunktthema auseinander und bilden somit das Zentrum der fachlichen Entwicklung. Ihre Aufgabe ist es, kommunalspezifische und bedarfsorientierte Handlungsempfehlungen zur Verbesserung der frühkindlichen Bildungs- und Betreuungslandschaft in der Kommune zu entwickeln. Sie treffen sich fünf bis sechs Mal im Jahr.

Koordinationsbüro

Das Koordinationsbüro, von dem aus der Netzwerker agiert, ist mit einem dritten Ring dargestellt. Es vermittelt den Dialog zwischen allen Ebenen des Projektes und sichert die dargestellte Struktur sowie die damit verbundenen Gremien und Abläufe. Zu seinen zentralen Aufgaben gehört es zu vermitteln – zwischen den Vertretern aus kommunaler Politik und Verwaltung, außerkommunalen Einrichtungen und Trägern, Vertretern der Fachebene sowie den Bürgern –, ihre Interessen zu dokumentieren, die Entscheidungs- und Entwicklungsabläufe zu strukturieren und Konflikte zu bewältigen.

Jugendhilfeausschuss und Verwaltung

Um diese innere Struktur des Netzwerks herum gruppieren sich der Jugendhilfeausschuss und die Verwaltung der Kommune. Sie entscheiden letztlich über die Umsetzung der vorgeschlagenen Maßnahmen. Der Jugendhilfeausschuss trägt die normative Verantwortung für das Projekt und sollte deshalb an verschiedenen Stellen bzw. Phasen des Netzwerks mit eingebunden werden. Die kommunale Verwaltung kann wesentlich zum Erfolg des Netzwerks beitragen, vor allem bei der Initiierung einer ämterübergreifenden Zusammenarbeit.

2.2 Initiierung eines kommunalen Netzwerks für Kinder

Ressourcen – Entscheidungen – Auftakt

Die eigentliche Arbeit beim Aufbau eines kommunalen Netzwerks für Kinder beginnt damit, ein überzeugendes Konzept zu erarbeiten. Dann müssen die erforderlichen Ressourcen bestimmt werden. Der Jugendhilfeausschuss muss auf seine entscheidende Rolle – auch im Hinblick auf die Finanzen – vorbereitet werden. Ein Netzwerker muss für die Koordination der Projekte beauftragt und eine Koordinationsstelle eingerichtet werden.

Es gilt Mitstreiter für das Netzwerk zu gewinnen, eine Auftaktveranstaltung zu organisieren und die Ergebnisse all dieser Anstrengungen zielgerichtet zu verarbeiten.

Ein erstes Konzept entwickeln

Welche Ideen und Überlegungen für die Erstellung eines Konzeptes zur Entwicklung kommunaler Netzwerke erforderlich sind, lässt sich am besten anhand eines Beispielszenarios veranschaulichen:

Mögliche Ausgangslage   Einmal angenommen, die Jugendamtsleitung und der zuständige Dezernent hätten gemeinsam mit dem (Ober-)Bürgermeister beschlossen, ein Netzwerk zur Verbesserung der frühkindlichen Bildung in der Kommune ins Leben zu rufen und dafür ein Koordinationsbüro einzurichten. Ihre Vorstellungen von den Zielen und den möglichen Akteuren dieses Netzwerks sind in diesem Stadium noch ziemlich vage. Dem einen schwebt die Idee vor, einzelne Einrichtungen in Stadtteilen mit sozialen Brennpunkten miteinander zu vernetzen, ein anderer denkt eher an einen runden Tisch, an dem sich regelmäßig kommunale Entscheidungsträger zusammenfinden, um gemeinsam Maßnahmen zur Behebung aktueller Problemlagen im frühkindlichen Bereich abzustimmen. Dies kann zum Beispiel der Fall sein, wenn das Rathaus Hinweise erhält, dass die Zusammenarbeit zwischen Kitas und Schulen mangelhaft ist, dass Migrantenkinder in Kitas benachteiligt werden, oder aber eine neue Landesgesetzgebung zur Sprachförderung in Kitas schnelles Handeln erfordert. Aufgrund dieser Ausgangslage könnten Jugendamtsleitungen, Leitende der Fachabteilung Kita, Gesundheitsamtsleitungen und/oder Vertreter freier Träger beispielsweise beschließen, ein Netzwerk zur Verbesserung der frühkindlichen Bildungs- und Entwicklungslandschaft in der Kommune zu initiieren.

Solche Überlegungen stehen am Anfang eines kommunalen Vernetzungsprozesses. Wie lassen sie sich in ein Konzept für ein kommunales Netzwerk für Kinder übertragen? Im ersten Schritt zur Entwicklung eines Konzeptes ist denkbar, die Wünsche und Bedürfnisse der Kinder und Eltern zu ermitteln und den aktuell vorhandenen frühkindlichen Bildungsangeboten in der Kommune gegenüberzustellen (siehe Kapitel 3.2). Auf dieser Grundlage können dann die wichtigsten Elemente zur Verbesserung des frühkindlichen Bildungsangebots in der Kommune herausgearbeitet und in einem ersten Konzept für das kommunale Netzwerk niedergeschrieben werden. Ein solches Konzept geht nicht auf konkrete Maßnahmen oder detaillierte Verfahrensweisen ein, sondern beinhaltet in der Regel:

- einen Leitgedanken für das geplante Netzwerk, der sich an den individuellen Bildungsbedingungen der Kinder und an der Idee einer kommunalen Governance orientiert,
- den Bezug zu den Bedürfnissen von Kindern und ihren Familien,
- den Bezug zu den gesetzlichen Grundlagen für die frühkindliche Bildung, zu den Bildungsplänen der jeweiligen Länder und zum Leitbild der Kommune,
- die zentralen Ziele des Netzwerks, die sich aus der aktuellen Situation einer Kommune ergeben,
- die für die Umsetzung des Netzwerks erforderlichen Ressourcen (materiell, personell, zeitlich und finanziell) sowie
- eine Begründung für die Notwendigkeit der Einrichtung eines Koordinationsbüros.

In diesem Anfangsstadium muss noch nicht alles detailliert geplant sein. Die Autoren sollten ihr Augenmerk darauf richten, dass ihr Konzept auf die kommunalen Entscheidungsträger und auf potenzielle Mitglieder des geplanten Netzwerks überzeugend wirkt.

Anregungen für die Entwicklung eines ersten Konzeptes finden sich in allen Kapiteln des vorliegenden Handbuchs, aber auch in den zusammenfassenden Projektbeschreibungen von »Kind & Ko«.

Weil die Entwicklung eines Netzwerks zur Förderung der frühkindlichen Bildung in der Kommune gewissermaßen ein Querschnittsthema darstellt,

Bestandteile eines Konzeptes

Vgl. »Artikel Kita Spezial.pdf« sowie »Broschüre Kind & Ko.pdf«

53

Der Bürgermeister muss hinter dem Netzwerk stehen

ist es besonders wichtig, dass der (Ober-)Bürgermeister und die Verwaltungsspitze von seiner Notwendigkeit überzeugt sind und die Realisierung unterstützen. Auf diese Weise erhält es die notwendige Legitimation gegenüber *allen* Ressorts und wird nicht als Sache des Jugend- oder Schulamts »abgetan«. Dafür ist es wichtig, das erste Konzept frühzeitig mit dem Bürgermeister abzustimmen. Er kann darüber hinaus dazu beitragen, ein Steuerungsgremium für die geplante Vernetzung einzurichten, in dem die infrage kommenden Entscheidungsträger aus Politik und Verwaltung vertreten sind (vgl. Kapitel 2.4).

Ressourcen klären

Frühzeitig den Rahmen abstecken

Je früher die kommunalen Entscheidungsträger die finanziellen, personellen, sachlichen und zeitlichen Ressourcen abstecken, welche für die Einrichtung eines Netzwerks zur Förderung der frühkindlichen Bildung in der Kommune erforderlich sein dürften, umso besser. Dabei kommt es darauf an, den Rahmen so abzustecken, dass ein nachhaltiger und wirksamer Vernetzungsprozess nicht von vornherein dem Sparzwang zum Opfer fällt, andererseits aber auch eine vertretbare Größe – auch im Hinblick auf die Akzeptanz des Netzwerks in der Kommune – eingehalten wird. Die Grundentscheidung über Umfang und Ausstattung eines Koordinationsbüros sollte vor Beginn der Bildung eines Netzwerks fallen. Bisweilen müssen die kommunalen Entscheidungsträger von der Notwendigkeit eines Koordinationsbüros erst überzeugt werden.

Personelle und sachliche Ausstattung

Mindestansprüche an das Koordinationsbüro

Wichtigstes Orientierungsmerkmal für die personelle und sachliche Ausstattung eines Koordinationsbüros ist die Größe der Kommune. Erfahrungsgemäß ist für eine Stadt mit ca. 150.000 Einwohnern mehr als eine halbe Stelle erforderlich. Die Modellprojekte in Chemnitz und Paderborn haben bestätigt, dass der Bedarf steigt, je dynamischer sich das Netzwerk entwickelt und je mehr Maßnahmen erfolgreich umgesetzt werden. In beiden Kommunen wurden jeweils zwei Stellen für das Koordinationsbüro eingerichtet: eine für den Netzwerker und eine für seine Assistenz. Um die umfangreiche Vernetzung in der Kommune erfolgreich koordinieren zu können, benötigen sie ein Büro mit einer funktionierenden Grundausstattung: Telefon, Fax, PC mit aktueller Software sowie Internet- und E-Mail-Anschluss, Farbdrucker, Beamer, Moderationskoffer usw.

Finanzielle Ausstattung

Um handlungsfähig zu sein, sollte das Budget so bemessen sein, dass Gremien eingerichtet, externe Referenten und Moderatoren eingeladen oder Impulsprojekte gefördert (vgl. Kapitel 2.3) sowie Akteure qualifiziert werden können und die Umsetzung der beschlossenen Maßnahmen finanziell abgesichert werden kann (vgl. Kapitel 3.5). In der Anfangsphase der Vernetzung ist es noch nicht möglich, das Budget genau zu beziffern, sondern es kann lediglich ein ungefährer Betrag angegeben werden. In der Anlage ist aufgelistet, wo je nach geplanter Entwicklung Kosten anfallen können.

Das Budget kann sich aus vielen unterschiedlichen Quellen speisen. So können im Vorfeld beispielsweise Kirchen und freie Träger nach ihrer Bereitschaft befragt werden, sich finanziell zu beteiligen, zumal ihre Einrichtungen von der Entwicklung des Netzwerks profitieren. Es spricht auch nichts dagegen, dass lokale Stiftungen wie Bürgerstiftungen sowie Unternehmen, Krankenkassen und andere Akteure in der Kommune dieses Projekt unterstützen.

Finanzielle Spielräume ermöglichen

Geldquellen prüfen

Vgl. »Budgetplan. doc« und www. linkzusponsoring.de

Entscheidungen herbeiführen

Der Erfolg des geplanten Netzwerks zur Förderung der frühkindlichen Bildung hängt wesentlich davon ab, inwieweit es gelingt, die politischen Gremien und Entscheidungsträger der Kommune für die Mitwirkung zu gewinnen. Um in der Kommune eine möglichst breite Akzeptanz für das Vorhaben zu schaffen, gilt es alle politischen Ebenen – über die Parteigrenzen hinweg – mit einzubinden, vom (Ober-)Bürgermeister über die Amts- und Abteilungsleiter, die Leiter von Ausschüssen wie Kultur- und Schulausschuss sowie gesundheitspolitischen Ausschüssen bis zu den mit den einzelnen Themen betrauten Mitarbeitern. Neben diesen Akteuren aus Politik und Verwaltung sollten ferner möglichst viele Akteure aus der so genannten Fachebene, d.h. aus unterschiedlichen Berufen und Institutionen, hinzugezogen werden. Je mehr Akteure am Netzwerk partizipieren, umso größer sind die Erfolgschancen für eine nachhaltige Verbesserung des frühkindlichen Bildungs- und Betreuungsangebotes in der Kommune.

Je mehr mitmachen, desto größer ist der Erfolg

55

Zitat eines Jugendhilfeausschuss-Mitglieds

»Es muss einen Initialantreiber geben, und dann noch Personen, die aufpassen, dass der Prozess nicht einschläft, die beispielsweise regelmäßig nach einem Jahr prüfen, ob der Prozess so funktioniert oder anders aufgehängt werden muss, und die einen aktuellen Sachstandsbericht einfordern. Diese Aufgabe liegt nach meiner Sicht beim Jugendhilfeausschuss. Der Netzwerker muss allerdings schauen, dass die Einbindung des Jugendhilfeausschusses nicht abflaut und das Netzwerk regelmäßig beim Jugendhilfeausschuss wieder auf der Tagesordnung steht.«

Argumentationshilfen für den Jugendhilfeausschuss

Wie wir später noch sehen werden, spielt der Jugendhilfeausschuss für das Gelingen des Netzwerks eine tragende Rolle. Argumente, die den Jugendhilfeausschuss überzeugen, sollten folgende Aspekte berücksichtigen:

- Wie ist der minimale und maximale finanzielle, personelle und sachliche Aufwand für die Umsetzung des Projektes auf lange Sicht zu bewerten?
- Welche Gründe sprechen besonders dafür, ein kommunales Netzwerk zur Verbesserung der frühkindlichen Bildungsangebote zu schaffen?
- Was spricht gegen ein solches Netzwerk (z. B. bereits vorhandene ähnliche Projekte und Initiativen in der Kommune)?
- Was könnte bei der Entwicklung eines solchen Vorhabens für die Mitglieder des Jugendhilfeausschusses besonders relevant sein?
- Welche Vorteile würden sich bei einer Realisierung für die Kommune ergeben?

Widersprüche und Unklarheiten vermeiden

Es gilt zu klären, wo die Vernetzung im Widerspruch zu bereits vorhandenen Projekten steht, zum Beispiel dem bereits gegründeten »Bündnis für Familie« oder den mittlerweile vorhandenen »Mehrgenerationenhäusern« bzw. »Familienzentren«. Die Vernetzung würde ähnliche Bereiche berühren und bisweilen gleiche Akteure ansprechen. Dies könnte zu einer kommunalen Überforderung bzw. zu Widersprüchen in den Herangehensweisen führen und möglicherweise Uneinigkeit auf der politischen Ebene über die Verwendung der Ressourcen für den frühkindlichen Bereich provozieren. Deshalb ist eine genaue Abstimmung über solche Fragen unerlässlich.

Ein Koordinationsbüro einrichten

Angenommen, die Initiatoren des Netzwerks – die Jugendamtsleitung, der zuständige Dezernent, der (Ober-)Bürgermeister und der Jugendhilfeausschuss – haben einen geeigneten Netzwerker für die Koordination des Projektes gefunden, sein Büro eingerichtet und ihm ein vorläufiges Budget zur Verfügung gestellt. Jetzt kommt es darauf an, den Netzwerker allen für den frühkindlichen Bereich infrage kommenden Vertretern von kommunalen Ämtern, Gremien, Ausschüssen, Institutionen, aber auch Trägern und deren Einrichtungen sowie der Fachebene, den Elternvertretern und anderen Bürgern vorzustellen und ihn bekannt zu machen.

Die Vorstellung des Netzwerkers ist Chefsache

Dieses Entree sollte vorzugsweise der (Ober-)Bürgermeister oder zumindest der zuständige Dezernent bereiten, indem er einen Rundbrief an alle infrage kommenden Adressaten verschickt. In diesem Brief beschreibt er die Aufgaben des Netzwerkers, seine Befugnisse sowie die nächstfolgenden Schritte. Dies ist eine gute Gelegenheit, von höchster Stelle ausdrücklich um eine Mitarbeit an dem künftigen Netzwerk und die Zusammenarbeit mit dem Netzwerker zu werben. Dieser Brief »von höchster Stelle« betont nach außen die Bedeutung des Netzwerks für die Kommune und legitimiert die Aufgaben des Netzwerkers.

Vgl. »Muster-einladung Start-veranstaltung.doc«

Mitstreiter für das Projekt gewinnen

Zu den ersten Aufgaben des Netzwerkers gehört es, die für das Netzwerk infrage kommenden Akteure auszuwählen und zu akquirieren. Auch für die Auswahl der Akteure gibt es kein »Patentrezept«, sie orientiert sich an den Zielen und Aufgabenstellungen des Netzwerks sowie an den kommunalspezifischen Charakteristika. Ein Netzwerk beispielsweise, das die Vernetzung zwischen dem Gesundheits- und Bildungssektor anstrebt, erfordert eine weitaus umfassendere Struktur als zum Beispiel die Fokussierung auf Mitstreiter aus Kitas, Schule und Jugendamt. Sind Art und Umfang der Aufgaben geklärt, empfiehlt es sich, dass der Netzwerker eine so genannte Stakeholder-Analyse vornimmt, um einen Überblick über alle betroffenen Interessengruppen (»Stakeholder«) eines Projektes zu gewinnen. Dazu gehören

Einen Überblick über mögliche Mitstreiter gewinnen

Vgl. »Stakeholder-Analyse.pdf« sowie www.linkzustakeholder analysen.de

- Vertreter aus Politik und Verwaltung sowie kommunalen Institutionen und Einrichtungen, zum Beispiel (Ober-)Bürgermeister, Amts- und Abteilungsleiter, Leiter von Ausschüssen wie Kultur-, Schulausschuss oder gesundheitspolitischen Ausschüssen, mit den einzelnen Themen betraute Mitarbeiter,

- Vertreter verschiedener Berufsgruppen und Institutionen der Fachebene, zum Beispiel Hebammen, Kinderärzte, Erzieherinnen, Lehrer, sowie Institutionen wie beispielsweise Beratungsstellen, Kindertageseinrichtungen, Schulen, Kliniken u.a., aber auch Eltern und Bürger.

Perspektive der
Mitstreiter im Blick
behalten

Die letztgenannten Akteure sind in unterschiedliche berufliche Strukturen eingebunden. Lehrer beispielsweise stehen als Landesbedienstete nicht unmittelbar unter kommunalem Einfluss, dasselbe gilt für Erzieher in Kindertageseinrichtungen in freier Trägerschaft. Kinderärzte wiederum sind als Selbstständige zu bestimmten Zeiten nicht abkömmlich. Zu den Aufgaben des Netzwerkers in dieser Phase gehört auch zu analysieren, welche Akteure welchen Einfluss auf die Entwicklung des Netzwerks haben könnten, welche als wichtige Entscheidungsträger zu bewerten sind und wer bereits gute Projekte und Veränderungen in der Kommune durchgeführt hat.

Interessengruppen
identifizieren, gewinnen,
zusammenbringen

Anhand der Befunde der Stakeholder-Analyse kann der Netzwerker aus den vielen potenziellen Interessengruppen diejenigen herausfiltern, die für das Netzwerk relevant sind. Nächster Schritt ist es, deren Erwartungen zu untersuchen. Der Netzwerker benötigt einen Überblick über die Haltungen und Wünsche, die Akzeptanz, das Vertrauen und die Motivation aller infrage kommenden Akteure für das Vernetzungsvorhaben und die Durchsetzung der Projektziele.

Aufgrund ihrer unterschiedlichen Funktionen und Berufe haben die Akteure unterschiedliche Meinungen und Interessen, die auch Reibungsflächen bieten. Gleichwohl steht der Netzwerker vor der Aufgabe, alle nach Maßgabe der Stakeholder-Analyse infrage kommenden Akteure für eine freiwillige Mitarbeit am Netzwerk zu gewinnen. Diese werden sich natürlich als Erstes fragen, welchen Nutzen sie von diesem Engagement zu erwarten haben. Die Kunst des Netzwerkers ist es, ihnen entsprechende Argumente zu liefern, auf ihre Bedürfnisse einzugehen und ihnen zu zeigen, wie sie sich einbringen könnten.

Auf jeden Fall
die Eltern mit einbeziehen

Wichtig ist es, von Beginn an die Eltern einzubeziehen. Sie haben ein Recht auf Mitsprache in einem Bereich, der ihre Belange – nämlich ihre Kinder und die Kindererziehung – unmittelbar berührt. Bisweilen ist es nicht einfach, Eltern von einer Mitarbeit zu überzeugen, und – wenn man ehrlich ist – die »Profis« würden manchmal auch ganz gerne ohne sie auskommen. Umso wichtiger ist es daher, von Beginn an deutlich zu machen, dass ihre Partizipation ausdrücklich gewünscht und wesentlicher Bestandteil des Netzwerks ist. Eltern erreicht man am besten über Vertreter des Stadtelternrates oder einzelne Elternräte über Kita- und Schulleitungen. Als Erfolgsstrategie hat sich in der Praxis – wie so oft – der persönliche Kontakt bewährt. Es empfiehlt sich deshalb, dass der Netzwerker alle, die er schriftlich zur Teilnahme an der Auftaktveranstaltung für das Netzwerk-Projekt eingeladen hat, kurz darauf persönlich besucht.

Eine Auftaktveranstaltung vorbereiten und durchführen

Eine überzeugend inszenierte Auftaktveranstaltung wirkt als Startschuss für das Netzwerk. Sie vermittelt den Teilnehmern eine klare Vorstellung von den Zielen, den Aufgaben und der Realisierung des Netzwerks und zeigt ihnen auf, wie wichtig ihr Engagement für eine nachhaltige Verbesserung der frühkindlichen Bildungsangebote in der Gemeinde ist. Es geht darum, Akteure zu gewinnen und das Netzwerk in der Kommune bekannt zu machen. In der Auftaktveranstaltung

Die Auftaktveranstaltung als Startschuss gestalten

Vgl. »Programm Startveranstaltung Beispiel_1.pdf« und »Programm Startveranstaltung Beispiel_2.pdf«

- wird dargestellt, wie positiv sich ein Netzwerk zur Verbesserung der frühkindlichen Bildungsangebote in der Kommune auswirken wird,
- wird die Bedeutung des Netzwerks für die betroffenen Kinder und ihre Familien erklärt,
- berichten eingeladene Referenten über erfolgreich verlaufene Projekte in anderen Kommunen,
- erfahren die Teilnehmer, welche Schritte als Nächstes eingeleitet und durchgeführt werden,
- haben die Teilnehmer Gelegenheit, miteinander in Kontakt zu treten und sich auszutauschen,
- werden die Beteiligten zu einer weiteren Mitarbeit motiviert.

Der Netzwerker kann der Auftaktveranstaltung eine besondere Bedeutung verleihen, indem er

Kriterien für einen gelungenen Auftakt

Vgl. »Teilnehmer Startveranstaltung.pdf««

- möglichst viele infrage kommende kommunale Akteure »rund ums Kind« aus Politik und Verwaltung, aus der Fachebene sowie Elternvertreter und Bürger einlädt,
- diese Einladung gemeinsam mit dem (Ober-)Bürgermeister aufsetzt und unterschreibt, um der Bedeutung des geplanten Netzwerks besonderen Nachdruck zu verleihen,
- Visionen aufzeigt, die die Adressaten begeistern und zusätzlich zur Teilnahme am Netzwerk motivieren, und
- für einen professionellen Ablauf der Veranstaltung sorgt.

Auf der Auftaktveranstaltung sollte zudem deutlich werden, dass Netzwerkarbeit keineswegs »top-down«, also von oben nach unten in kommunalen Hierarchien, erfolgt, sondern im Gegenteil das Gemeinsame betont und darauf abzielt, dass Impulse und Anregungen von den Fachakteuren, Eltern

59

und Bürgern »bottom-up«, also von einer gemeinsamen Basis aus, an die Entscheidungsträger herangetragen werden.

Zitat einer Netzwerkerin

»Wenn es an der operativen Basis zu Beginn wenig Unterstützung gibt, dann fehlt dem Projekt die Substanz. In einer der Modellkommunen war der Prozess zu Anfang schwierig, weil er »top-down« entschieden wurde. Deshalb brauchte es besondere Anstrengungen, insbesondere die operative Ebene zu gewinnen.
In der anderen Kommune war es umgekehrt. Hier lag die Entscheidung für das Projekt auf der Fachebene, die zwar die politischen Entscheidungsträger für eine Zustimmung gewinnen konnte. Es brauchte aber zusätzlich einige Anstrengungen, sie im weiteren Verlauf der Netzwerkbildung auch tatsächlich als aktive Akteure für die Entwicklung von Handlungsempfehlungen und Maßnahmen zu gewinnen.«

Faustregeln für die Entwicklung von Netzwerken

Voraussetzungen für eine erfolgreiche Netzwerkarbeit

Die Entwicklung eines Netzwerks ist also eine sehr komplexe Aufgabe, die den Netzwerker vor zahlreiche Herausforderungen stellt. Ein kommunales Netzwerk zur Verbesserung frühkindlicher Bildungsangebote wird umso wirkungsvoller und erfolgreicher arbeiten können, wenn folgende Voraussetzungen geschaffen werden:

- Alle relevanten Entscheidungsträger sind »im Boot« und motiviert, im Netzwerk mitzuwirken.
- Dies gilt auch für alle relevanten Akteure der Fachebene sowie Eltern und andere Bürger.
- Das Projekt ist »ganz oben« – beim (Ober-)Bürgermeister – angesiedelt, nicht erst auf einer der nachgelagerten Ebenen.
- Der Umfang der finanziellen, sachlichen, personellen und zeitlichen Ressourcen für eine Realisierung des Projektes wurde nicht unterschätzt, sondern so veranschlagt, dass genügend Spielraum da ist, wenn zusätzliche Maßnahmen notwendig werden.
- Das Netzwerk ist mit den politischen Strukturen der Kommune verankert und wird nicht nur durch das Engagement Einzelner getragen.
- Die Zuständigkeiten und Verantwortungsbereiche sind klar definiert, jeder kennt seinen Aufgabenbereich.

Es ist kaum anzunehmen, dass es in der Praxis gelingt, alle diese Kriterien gleichzeitig zu erfüllen, aber vor allem in der Anfangsphase lohnt es sich, sie im Auge zu behalten. Es geht letztlich darum, dass sich möglichst viele Akteure mit dem Vorhaben identifizieren können, sich zu einer Mitarbeit bereitfinden und zum Gelingen des Projektes beitragen. Dafür werden dem Netzwerker noch folgende Faustregeln auf den Weg gegeben:

- Es bringt nichts, das Projekt im Eiltempo vorantreiben zu wollen. Es braucht genügend Zeit, um sich gut zu entwickeln. Dies gilt zum Beispiel für den Aufbau der organisatorischen Rahmenbedingungen, für konzeptionelle Entwicklungen oder die Bildung von leistungsstarken Gremien.

- Es muss nicht alles von Anfang an detailliert geplant sein, im Gegenteil: Phasen der Unsicherheit und Unschlüssigkeit können auch produktiv sein. Durch Diskussionen und Aushandlungsprozesse mit den zahlreichen Akteuren wird der Blick auf unterschiedliche Handlungsoptionen gerichtet.

- Die Ziele und Konzepte sollten nicht unwiderruflich feststehen, sondern revidierbar sein, wenn es die Situation erfordert. Auf diese Weise bleibt das Netzwerk lebendig, für neue Akteure offen und kann sich aktuellen Entwicklungen anpassen.

Geduldig, beharrlich und offen für Veränderung bleiben

61

2.3 Funktion und Arbeitsformen eines interprofessionellen Dialogs

Entwicklung von Foren, Arbeitsgruppen und Impulsprojekten zur frühkindlichen Bildung

Am interprofessionellen Dialog beteiligen sich möglichst viele Professionen »rund ums Kind« (Fachebene) sowie Eltern und interessierte Bürger. Bereits in der Beschreibung der Auftaktveranstaltung für das Netzwerk wurde deutlich, wie viele Menschen in der Kommune das Aufwachsen von Kindern beruflich oder ehrenamtlich begleiten. Nun geht es darum, wie diese Akteure für eine Zusammenarbeit auf der Fachebene gewonnen und in die Kommunalpolitik eingebunden werden können, sowie um die Ziele, Chancen und Methoden des interprofessionellen Dialogs.

Wer sind die Akteure auf der Fachebene?

Im interprofessionellen Dialog setzen sich die Akteure der Fachebene sowie Elternvertreter und interessierte Bürger mit bestimmten Schwerpunktthemen auseinander und suchen – aus Sicht von Experten und Betroffenen – gemeinsam nach Lösungen und Verbesserungsmöglichkeiten.

Akteure der Fachebene ausfindig machen

Erste Aufgabe des Netzwerkers ist es zu ermitteln, wer für diesen interdisziplinären Dialog infrage kommt. Er kann sich dabei an folgenden Berufsgruppen und Einrichtungen orientieren:
- Hebammen, (Kinder-)Ärzte,
- Erzieher, Lehrer,
- Erziehungs- und Familienberater,
- Sozialpädagogen

sowie Schlüsselpersonen im Hinblick auf Veränderungen der Situation von Kindern und ihren Familien, zum Beispiel
- Kita-Leitungen,
- Schulleiter,

- Jugendamtsleitungen,
- Unfallkassen/Abteilungen Prävention der Krankenkassen,
- Träger von Kitas,
- Vertreter der Volkshochschulen/Kirchen,
- Vertreter des öffentlichen Gesundheitsdienstes,
- Leitungen von Familienbildungsstätten,
- Leitungen von Erziehungsberatungsstellen,
- Quartiersmanager/Stadtteilbeauftragte,
- Vertreter von Vereinen im Sportausschuss,
- einflussreiche Fachpersonen, z. B. Vertreter von Förderzentren/Präventions-zentren,
- des Weiteren Eltern (über Kitas und Grundschulen) sowie Mitglieder des Stadtelternrats oder der Stadtschulpflegschaft und interessierte, engagierte Bürger in der Kommune.

Um diese Zielgruppe »auf den Geschmack zu bringen« und zum Mitmachen zu motivieren, werden gemeinsam mit dem Steuerungsgremium Impulspro-jekte initiiert.

Abbildung 7: Am interprofessionellen Dialog beteiligte Akteure

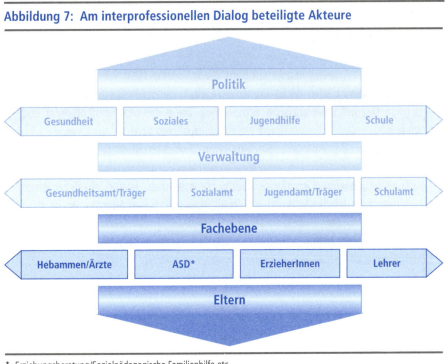

* Erziehungsberatung/Sozialpädagogische Familienhilfe etc.

Ziel des interprofessionellen Dialogs ist es, Empfehlungen zur Verbesserung der frühkindlichen Bildungs- und Unterstützungsangebote zu entwickeln. Deren Qualität hängt im Wesentlichen davon ab, inwiefern es dem Netzwerker gelingt, die in der Kommune vorhandene Fachkompetenz zu mobilisieren. Er wird die Experten umso leichter von einer Mitwirkung überzeugen können, je besser er ihnen vor Augen führen kann, dass ein Engagement im Netzwerk für sie Vorteile hat. Mit anderen Worten: Hier kann der Netzwerker vor allem mit den Synergieeffekten, die sich erfahrungsgemäß für alle Beteiligten in Kooperationsprojekten ergeben, und den daraus resultierenden Win-win-Situationen argumentieren. Auch die Möglichkeiten, mitzugestalten, die eigene Position einzubringen und zu Veränderungen beizutragen, stellen Anreize für eine Mitarbeit dar. Der Netzwerker kann beispielsweise eine Grundschule für das Netzwerk gewinnen, wenn er ihr überzeugend aufzeigt, dass sie dadurch den Übergang von der Kita in die Schule besser gestalten kann. Denkbar ist auch, dass eine Kita dem Netzwerk beitritt, weil sie sich dadurch Anregungen für ihre anstehende Umgestaltung zu einem Kinder- und Familienzentrum erhofft. Zu Beginn werden nicht alle infrage kommenden Akteure für eine Teilnahme am Netzwerk zu gewinnen sein. Es ist aber davon auszugehen, dass es mehr werden, wenn das Vorhaben an Eigendynamik gewinnt.

Bericht aus der Praxis

»Wir haben jetzt viele Personen an Bord, die wir vorher nicht mit an Bord hatten. Beim Jugendamt hatten wir ja immer ein Defizit, gerade in Bereichen für Kinder von null bis drei oder auch bis acht Jahren. Dann die Tageseinrichtungen und deren Träger sowie alle, die sonst am Bildungsprozess beteiligt sind, wie die Kinderärzte oder andere Beratungsinstitutionen. Zwischen all diesen Einrichtungen und Leuten hatte es bis dahin nie eine Kooperation gegeben. Und jetzt haben wir doch einige Protagonisten mit ins Boot bekommen, zum Beispiel die Hebammen. Sie haben zwar alle ihr Interesse bekundet, hinterher haben aber nur einige dauerhaft mitgearbeitet. Trotzdem denke ich, dass wir in der Stadt Neugierde und Interesse geweckt haben, inzwischen natürlich auch beim Jugendamt – und neuerdings arbeiten sogar zwei Kinderärzte mit.«

Ziele und Chancen des interprofessionellen Dialogs

Ziel des interprofessionellen Dialogs ist es, die Zusammenarbeit aller Akteure im kommunalen Netzwerk zu fördern und so zu gestalten, dass sie sich an den Bedürfnissen der Kinder und Familien orientiert. Im Idealfall trägt er dazu bei, einerseits so genannte Versäulungen abzubauen, d.h. die beteiligten Akteure zu befähigen, den Blick über ihren berufsspezifischen Tellerrand hinauszurichten und die Bildungs- und Entwicklungsbedürfnisse der Kinder auch aus der Perspektive des jeweils anderen zu betrachten und Ressourcen zu bündeln, um wirksamer für Kinder und Familien zu arbeiten. Andererseits wirkt der interprofessionelle Dialog auch dem Trend zur so genannten Verinselung entgegen, indem er die Akteure ermuntert, nicht allein vor sich hinzuarbeiten, sondern gemeinsam im Austausch mit anderen Lösungsvorschläge zur Verbesserung der frühkindlichen Bildungsangebote in der regionalen Bildungslandschaft bzw. Kommune zu entwickeln.

Gegen Versäulungen und Verinselungen

Die Akteure der Fachebene bringen ihr Wissen und ihre Erfahrungen in den interprofessionellen Dialog ein. Jeder kann aufgrund seiner jeweiligen beruflichen Praxis die Ausgangslage und die Qualität der kommunalen Bildungslandschaft für Kinder im Vorschulalter aus einer anderen Perspektive einschätzen. Aufgrund der Nähe zu betroffenen Kindern und Eltern sind die einzelnen Fachleute in der Lage zu sehen, »wo der Schuh drückt«. Hieraus ergibt sich eine tragfähige Basis dafür, bedarfsorientierte Handlungsempfehlungen für frühkindliche Bildungsangebote zu entwickeln (vgl. Kapitel 3.4). Die Erkenntnisse aus dem interprofessionellen Dialog werden einerseits in den Arbeitsgruppen thematisch gebündelt und weiterverfolgt. Die Mitglieder der Fachebene tragen dieses Wissen andererseits aber auch in die Einrichtungen und in ihren Arbeitsalltag zurück. Dort gilt es die eigenen Kollegen, aber besonders auch die Eltern in den Meinungsbildungs- und Entwicklungsprozess mit einzubeziehen. Auf diese Weise werden die Vertreter verschiedener Berufsgruppen und Organisationen selbst zu Netzwerkern und Multiplikatoren und tragen wesentlich dazu bei, dass die Ideen und Angebote zur Verbesserung der frühkindlichen Bildung in der Kommune »mehrheitsfähig« werden.

Nähe zu den Menschen vor Ort

Insgesamt betrachtet vereint ein systematischer interprofessioneller Dialog im Netzwerk unterschiedliche Zielsetzungen, er

Ziele des interprofessionellen Dialogs im Überblick

- bindet eine breite Basis von Akteuren und deren Ressourcen in das Netzwerk ein,
- ermöglicht – in Groß- und Kleingruppen – einen intensiven Dialog zwischen Fachleuten, Eltern und Bürgern,
- ermöglicht es den Akteuren, auch »über den eigenen Tellerrand« hinauszuschauen und die Dinge aus anderer Sicht zu betrachten,

- trägt maßgeblich dazu bei, eine Vielzahl von Ideen für Kooperationen zur Verbesserung frühkindlicher Bildungs- und Unterstützungsangebote zu entwickeln,
- zeigt, wo innerhalb des Netzwerks Handlungsbedarf besteht, zum Beispiel in Bezug auf Bedarfslagen in der Kommune (z. B. auf der Basis von Daten eines Gesundheitsberichts), neue Kooperationsprojekte oder Qualifikationsmaßnahmen für bestimmte Akteure,
- hilft, diese Ideen und Vorschläge in die Öffentlichkeit zu tragen, ihr Interesse für das Netzwerk zu wecken und auf diese Weise neue Akteure zu gewinnen,
- ermöglicht es den Akteuren der Fachebene, konkrete Handlungsempfehlungen und Hinweise auf nutzbare Unterstützungsangebote zur Verbesserung frühkindlicher Bildungsangebote in der Kommune zu entwickeln und dem Steuerungsgremium vorzulegen.

Zitat einer Jugendamtsleiterin

»Beim Projekt ist besonders die Verständigung auf Augenhöhe gelungen. So wurde eine wichtige Arbeitsgrundlage geschaffen. Verschiedene Akteure konnten sich begegnen und zum Teil erstmalig miteinander reden, ihre verschiedenen Sichtweisen einbringen und eine gemeinsame Sprache finden. Für mich war dies ein unglaublich wichtiger Erfolgsbaustein des Projektes.«

Arbeitsformen des interprofessionellen Dialogs

In den »Kind & Ko«-Modellkommunen Chemnitz und Paderborn wurden folgende drei unterschiedliche Arbeitsformen des interdisziplinären Dialogs erprobt: Forum, Arbeitsgruppen und Impulsprojekte.

Bestehen schon Kooperationen? Bei der Konzeption des Forums und der infrage kommenden Arbeitsgruppen und Impulsprojekte empfiehlt es sich zunächst zu prüfen, in welcher Form die Vertreter verschiedener Berufe und Einrichtungen »rund ums Kind« in der Kommune bereits miteinander im Gespräch sind oder zusammenarbeiten. Denkbar sind bereits vorhandene, selbst organisierte Netzwerke wie beispielsweise zwischen einer Kindertageseinrichtung und einer Grundschule oder einer Kinderklinik und einer Familienbildungsstätte. Manchmal haben schon Stadtteilkonferenzen zur Beteiligung von Kindern, Jugendlichen, Familien und Senioren an der Entwicklung ihres Quartiers stattgefunden. In vielen Städten gibt es bereits Netzwerke unter dem Titel »Bündnis für die

Familie« oder von Kitas und Schulen durchgeführte Konferenzen zur Optimierung des Übergangs vom Kindergarten in die Schule sowie »runde Tische« zu bestimmten frühkindlichen Themen.

Recherchen werden ggf. ergeben, dass es in der Kommune bereits viele Aktivitäten gibt wie beispielsweise Stadtteilkonferenzen, die einem interprofessionellen Dialog gleichkommen. Aufgabe ist nun, darauf aufbauend eine breite Basis zu schaffen, die es sich zur Aufgabe macht, gemeinsam und aus den verschiedenen fachspezifischen Blickwinkeln heraus die frühkindliche Bildung in der Kommune zu verbessern. Wie dies gelingen kann, zeigen die folgenden Praxisbeispiele.

Bestehende Kooperationen ausweiten

Beispiele aus der Praxis

In einer »Kind & Ko«-Modellkommune beispielsweise wurden die Mitglieder eines »runden Tisches« befragt, ob sie bereit wären, im Rahmen des Netzwerks an einem breiten interdisziplinären Dialog teilzunehmen, sich zu diesem Zweck zu erweitern und neue Fachleute und Eltern aufzunehmen. In einer anderen »Kind & Ko«-Modellkommune gab es ein vergleichbares Gremium noch nicht. Deshalb hat der Netzwerker mit dem Steuerungsgremium ein Forum »Frühkindlicher Bildung« initiiert und dazu alle denkbaren Vertreter der Fachebene und Elternschaft eingeladen. Aus diesem Forum sind später neue Gremien hervorgegangen.

Im Folgenden werden die wichtigsten Merkmale der in den »Kind & Ko«-Modellkommunen erprobten Arbeitsformen beschrieben.

Forum

Das Forum ist Ausgangspunkt und Basis für den interprofessionellen Dialog in der Kommune. Hier kommen alle Akteure der horizontalen und vertikalen Kooperationsebenen (vgl. Kapitel 1.2) zusammen, um gemeinsam die Vision des Netzwerks zu formulieren, die entwickelten Konzepte und Maßnahmen zu reflektieren und Impulse für deren Weiterentwicklung und Umsetzung zu setzen. Das Forum dient aber auch als ideale Plattform zum gegenseitigen Kennenlernen der kommunalen Akteure aus Politik und Verwaltung, verschiedenen Berufsgruppen, Eltern und anderer Bürger sowie zur Annäherung und Anbahnung von neuen Formen der Zusammenarbeit – beispielsweise auf Grundlage des gemeinsam diskutierten und für gut befundenen neuen Bildungsverständnisses.

Das Forum ist die Basis für den Dialog

Zusammensetzung und
Aufgaben des Forums

Vgl. »Dokumentation
Forum.pdf«,
»Einladung Forum
Beispiel_1.doc«,
»Einladung Forum
Beispiel_2.doc«,
und »Teilnehmer
Forum.pdf«

In den »Kind & Ko«-Modellkommunen kommen Entscheidungsträger aus Politik und Verwaltung und Vertreter der Berufsgruppen und Organisationen »rund ums Kind« sowie Elternvertreter und Bürger zusammen. An dieser in der Regel vier Mal jährlich stattfindenden Veranstaltung, die vom Netzwerker koordiniert und geleitet wird, nehmen rund 50 bis 70 Personen teil. Sie

- reflektieren gemeinsam Fachthemen,
- ermitteln die Bedürfnisse der in der Kommune lebenden Kinder und ihrer Familien,
- begleiten die Entwicklung des Netzwerks frühkindliche Bildung,
- beraten den Verlauf des Projektes,
- diskutieren neue Projektideen,
- entwickeln auf Grundlage der Diskussion neue Arbeitsgruppen und Initiativen,
- konzipieren zur Verbesserung der Bildung und Entwicklung der Kinder von null bis acht Jahren Zukunftskonferenzen zur Herausarbeitung von professions-, institutionen- und interessenübergreifenden Projekten.

Impulsprojekte

Impulsprojekte
sind Probeläufe

Vgl. »Strategische
Ziele Impulsprojekte«

Mit Impulsprojekten wird die Projektarbeit des Netzwerks in der Kommune initiiert. Es handelt sich dabei um kleine Kooperationsprojekte zu unterschiedlichen Themen, die von der Kommune im Vorfeld der Netzwerkarbeit für einen begrenzten Zeitraum ausgeschrieben und gefördert werden können. In diesen Projekten lernen sich verschiedene Akteure der Fachebene »rund ums Kind« kennen und sammeln als Kooperationspartner erste Erfahrungen in der interprofessionellen Zusammenarbeit. Sie berichten später auch den anderen Akteuren des Netzwerks darüber, welche Erfolgsfaktoren ausschlaggebend waren und wo Stolpersteine lagen. Damit dienen Impulsprojekte auch als »Good-Practice-Beispiele« für die spätere Netzwerkarbeit. Impulsprojekte haben sich als »Probeläufe« für die spätere konkrete Projektarbeit innerhalb des Netzwerks in der Praxis überaus bewährt. Sie haben zum Ziel,

Ziele von
Impulsprojekten

- mindestens zwei Kooperationspartner zusammenzubringen, die gemeinsam ein erstes »Mini-Projekt« zur Verbesserung der frühkindlichen Bildungslandschaft in der Kommune umsetzen,
- Schwerpunktthemen für gesamtkommunale Projekte herauszufinden,
- die Identifikation aller Akteure »rund ums Kind« mit einer Verantwortungsgemeinschaft für bessere frühkindliche Bildungs- und Entwicklungschancen zu wecken,

- projektorientiertes Denken zu fördern,
- weitere Akteure und Institutionen zu einer Mitarbeit im Netzwerk zu motivieren,
- den Akteuren Impulse für die Entwicklung neuer, innovativer Ideen zu bieten,
- Anreize zum Aufbau von lokalen Kooperationen zwischen unterschiedlichen Berufsgruppen und Einrichtungen zu verschiedenen Schwerpunktthemen zu schaffen.

An Impulsprojekten können zum Beispiel Einrichtungen wie Kitas, Grundschulen oder Beratungsstellen mitwirken. Für ihre Umsetzung genügen bereits Fördersummen in Höhe von 2.000 bis 5.000 Euro. Auch wenn diese Projekte noch keine gesamtkommunale Perspektive haben, dienen sie als wichtige Impulsgeber für die spätere Netzwerkarbeit, indem sie die Entwicklung vernetzter Angebote zur Förderung der frühkindlichen Bildung und Erziehung in der Kommune an praktischen Beispielen veranschaulichen. Anschließend entwickeln Arbeitsgruppen Handlungsempfehlungen zu Schwerpunktthemen zur Verbesserung der frühkindlichen Bildungslandschaft (vgl. Kapitel 3.4).

Darüber hinaus können Ideen von konkreten Impulsprojekten bei den Netzwerkerinnen in den Kommunen Paderborn und Chemnitz erfragt werden (vgl. Kontaktadressen auf S. 185)

Vgl. »Antrag Impulsprojekte.doc«

Arbeitsgruppen

Durch den interprofessionellen Dialog im Forum sowie durch Impulsprojekte und Bedarfsanalyse zur Bildung und Lebenslage von Kindern (siehe Kapitel 3.2) kristallisieren sich Schwerpunktthemen heraus, denen sich jeweils eine Arbeitsgruppe widmet. Die Arbeitsgruppen setzen sich aus Vertretern der Fachebene zusammen, die berufsbedingt in direktem Kontakt zu den Kindern und Familien stehen, sowie aus Eltern und Bürgern, die sich in diesem Bereich engagieren. Die Arbeitsgruppen erarbeiten Vorschläge zur Verbesserung der frühkindlichen Bildungslandschaft in der Kommune und leiten sie zur Entscheidung weiter. Eine ideale Größe für Arbeitsgruppen sind 20 bis 30 Personen. Zu ihren wichtigsten Aufgaben gehört die Entwicklung

Zusammensetzung und Zielsetzung von Arbeitsgruppen

- eines gemeinsamen Verständnisses von Kindern und frühkindlicher Bildung,
- von Ideen zur Verbesserung der Bildungs- und Entwicklungsbedingungen der Kinder von null bis acht Jahren,

Die wichtigsten Aufgaben von Arbeitsgruppen

- konkreter Handlungsempfehlungen und Maßnahmen zur Verbesserung der Angebote und Kooperationen in der frühkindlichen Bildung auf breiter kommunaler Ebene.

Die Empfehlungen und Vorschläge werden in der Folgezeit gemeinsam mit dem Steuerungsgremium aus kommunalen Entscheidungsträgern im Forum diskutiert und weiterentwickelt. Die genaue Funktion und die Aufgaben der Arbeitsgruppen werden in Kapitel 3.4 beschrieben.

Zielorientiert am Detail arbeiten – das Ganze im Blick behalten

Die Praxis zeigt, dass die in den genannten Veranstaltungen und Konferenzen vorgebrachten Ideen und Visionen mit zunehmendem Fortbestand des Netzwerks gebündelt und konkreter werden. Es kristallisieren sich Ziele und Schwerpunktthemen heraus, die in Arbeitsgruppen auf ihre Realisierungsmöglichkeiten geprüft werden und in Handlungsempfehlungen münden. Der interprofessionelle Dialog verlagert sich somit auf kleinere Einheiten, wo er zielorientierter geführt werden kann. Es empfiehlt sich jedoch, das Forum regelmäßig zu wiederholen, damit alle Akteure des Netzwerks ihre Konzepte, Vorschläge und Resultate vorstellen und gemeinsam diskutieren können. Auf diese Weise geht der Blick auf das Ganze nicht verloren.

Instrumente zur Förderung des interprofessionellen Dialogs

Voraussetzungen für einen interprofessionellen Dialog

Wie kann der Netzwerker die Themen für einen interprofessionellen Dialog zur Verbesserung der frühkindlichen Bildung in der Kommune identifizieren und in eine Fachdiskussion überführen? Indem er geeignete Akteure gewinnt, die in Arbeitsgruppen zu bestimmten Schwerpunktthemen zusammenarbeiten. Um die kommunalen Experten für frühkindliche Bildung und Entwicklung miteinander ins Gespräch zu bringen, empfiehlt sich:
- die Reflexion der in einer Bedarfsanalyse ermittelten Befunde
- die Reflexion einer gemeinsamen Haltung und
- die Entwicklung von Schwerpunktthemen

Reflexion der Befunde der Bedarfsanalyse

Um sich ein Bild von der aktuellen Bildungslandschaft und der Bedarfssituation in der Kommune machen zu können, führen die Akteure der Fachebene eine Bedarfsanalyse durch und werten die ermittelten Befunde aus – objektive Daten, Aussagen von Betroffenen, Ergebnisse von Befragungen u.a. –, unter Einbeziehung der Eltern (siehe Kapitel 3.2). Auf Grundlage dieser

Erkenntnisse entwickeln sie erste Vorstellungen darüber, welche Kooperationen untereinander und welche Maßnahmen zielführend sein könnten.

Reflexion einer gemeinsamen Haltung

Mitunter ist es nicht einfach, in einem interprofessionell besetzten Gremium eine gemeinsame Haltung zu Kindern und Familien sowie einen Konsens über die Zusammenarbeit zur Gestaltung einer bedarfsgerechten Bildungslandschaft in der Kommune zu erzielen. Die Sichtweisen und subjektiven Einstellungen der Vertreter unterschiedlicher Berufsgruppen stehen häufig nicht in Einklang. Aufgabe des Netzwerkers ist es deshalb, die Akteure immer wieder anzuregen, sich ihrer Haltung zu Kindern und Familien bewusst zu werden und diese an den Bedürfnissen der Betroffenen sowie an den zur Verfügung stehenden Möglichkeiten zur Realisierung einer bedarfsorientierten frühkindlichen Bildungslandschaft in der Kommune zu orientieren. Dabei bietet sich für die Akteure eine Vielzahl an Möglichkeiten, miteinander über Kooperationsprojekte ins Gespräch zu kommen und auf diese Weise eine gemeinsame Grundhaltung zu Kindern und Familien zu entwickeln, zum Beispiel:

Die Kunst, alle Meinungen zu berücksichtigen

- Kindertageseinrichtungen nutzen stärkenorientierte Beobachtungs- und Dokumentationsverfahren,
- Eltern und Kitas konzipieren eine Erziehungspartnerschaft,
- das Grünflächenamt der Stadt entwickelt gemeinsam mit dem Jugendamt ein Konzept zur Partizipation der Kinder bei der Gestaltung von kommunalen Spielplätzen,
- das Gesundheitsamt und ein freier Träger bieten gemeinsam mit den ortsansässigen Krankenkassen kostenneutral Elternkurse zur Gesundheitsförderung der Kinder an u. a.

Entwicklung von Schwerpunktthemen

Bereits bei der Auswertung der Befunde der Bedarfsanalyse zeichnet sich ab, wo Handlungsbedarf besteht, um die frühkindliche Bildungslandschaft in der Kommune zu verbessern. So kann den Akteuren beispielsweise auffallen, dass die Einbeziehung von Familien mit Migrationshintergrund in Kitas noch verbesserungswürdig ist oder im Bereich »rund um die Geburt« die Angebote bislang unkoordiniert und unzureichend sind. Erkannte Schwachstellen wie diese werden zu Schwerpunktthemen des Netzwerks umformuliert.

Schwachstellen in Schwerpunktthemen umformulieren

Aufgaben des Netzwerkers im interprofessionellen Dialog

Koordination von A bis Z

Beim interprofessionellen Austausch ist vor allem die Koordinationsfähigkeit des Netzwerkers gefragt. Sie umfasst die Einladung der Akteure zur Teilnahme am Forum oder den Arbeitsgruppen sowie die inhaltliche Beratung und Betreuung der Schwerpunktthemen und Impulsprojekte. Zwischen den Veranstaltungen ist der Netzwerker ein wichtiger Ansprechpartner für die beteiligten Akteure.

Informationen steuern, Vertrauen schaffen

Zu seinen wichtigsten Aufgaben gehört es, die gegenseitige Information zwischen dem Steuerungsgremium und den Akteuren der Fachebene in Gang zu halten, zu koordinieren und transparent zu gestalten – während und zwischen den Sitzungen. Hier kommt es darauf an, dass der Netzwerker einen vertrauensvollen Umgang zwischen allen beteiligten Akteuren gestaltet, beispielsweise zwischen Kommune, Trägern, Kitas und Schulen. Es ist nachvollziehbar, dass hier durchaus Interessen kollidieren können. Hier kommt die Fähigkeit des Netzwerkers zum Tragen, Konkurrenzdenken und Eigeninteressen durch geschickte Gespräche und Werben für das Netzwerk entgegenzuwirken.

Tipps für Netzwerker

Dies wird ihm umso besser gelingen, wenn er folgende Kriterien berücksichtigt:

- Es empfiehlt sich, Treffen und Veranstaltungen des Netzwerks (Arbeitsgruppen, Forum) nicht allein zu planen, sondern die Akteure in die Planung (Termin, Tagesordnungspunkte etc.) mit einzubeziehen; insbesondere die ersten Veranstaltungen sollte er gemeinsam mit den Mitgliedern des Steuerungsgremiums vorbereiten.

- Die Bereitschaft zur Teilnahme an den Sitzungen hängt entscheidend von der Terminsetzung und der Uhrzeit ab. Terminabsprachen sollten unter Berücksichtigung der unterschiedlichen Arbeitsrhythmen der Berufsgruppen getroffen werden.

- Die Einladungen sollten nicht zu kurzfristig verschickt werden und die Sitzungen nicht in allzu kurzen Intervallen stattfinden. Die Dauer der einzelnen Veranstaltungen sollte die Anwesenden nicht über alle Maßen beanspruchen.

- Die Einladungen sollten nicht nur an Einzelpersonen adressiert sein, sondern auch an die Institutionen, zum Beispiel Träger, für die diese tätig sind. Dies sorgt für Transparenz und ermöglicht es Institutionen, Vertretungen zu entsenden, falls die Eingeladenen selbst an der Sitzung nicht teilnehmen können.

Zitat aus der Praxis

»Es sind ungefähr 100 Personen in den drei Arbeitsgruppen, das ist schon enorm. (…) Und es sind unheimlich viele Professionen gebunden, die im Leben noch nicht vorher miteinander gearbeitet haben.«

Die Moderation des interprofessionellen Dialogs

Von herausragender Bedeutung für eine erfolgreiche Gestaltung des interprofessionellen Dialogs ist die Moderation der Sitzungen. Bei größeren Veranstaltungen wie Forum, Zukunftskonferenz oder anderen Großgruppen-Meetings hat sich bewährt, externe Moderatoren mit entsprechender beruflicher Erfahrung zu engagieren und bereits in die Vorbereitung einzubeziehen. Diese Investition zahlt sich aus, denn durch eine geschickte Moderation kann ein reges Gespräch zwischen den Teilnehmern entfacht werden, in dem sie Impulse, Sichtweisen und Argumentationen aus unterschiedlichen beruflichen Tätigkeitsbereichen einbringen.

Eine gute Moderation trägt dafür Sorge, dass der Dialog zwischen den Vertretern aus Politik und Verwaltung, der Fachebene sowie den Eltern und Bürgern auf gleicher Augenhöhe stattfindet, damit sich alle gleichermaßen angesprochen fühlen und Wertschätzung für ihr Engagement erfahren. Moderation fördert ein gemeinsames Grundverständnis von Kindern und Familien, sie begleitet und unterstützt darauf aufbauend die Leitbildentwicklung. Moderation heißt außerdem das Gespräch zielgerichtet und ergebnisorientiert zu führen, sodass einerseits viele Ideen einfließen können, andererseits das Ziel im Blick bleibt.

Für eine erfolgreiche Moderation bietet sich eine Vielzahl von methodischen Gestaltungsmöglichkeiten an, zum Beispiel:
- Moderationstafel mit Moderationskarten
- Kleingruppenarbeit
- Interview des Moderators mit zwei bis drei Teilnehmern aus verschiedenen beruflichen Kontexten zur frühkindlichen Bildungslandschaft in der Kommune mit anschließender Diskussion im Plenum
- (Erfahrungs-)Berichte von Teilnehmern über externe Projekte (z.B. Early Excellence Centres, Konzeption eines Elternseminars, Kooperation mit Krankenkassen bei einem gesundheitsfördernden Projekt etc.)
- (Erfahrungs-)Berichte von Entwicklern und Leitern von exemplarischen Modellprojekten aus dem Bundesgebiet

Ein guter Moderator kann viel bewirken

Tipps für die Moderation von Veranstaltungen

Wie lässt sich ein interprofessioneller Dialog erfolgreich gestalten?

Verständigung ist
kein Selbstläufer

Der interprofessionelle Dialog gestaltet sich in jeder Kommune anders. Der Netzwerker muss bisweilen etliche Stolpersteine überwinden. Die folgenden Beispiele zeigen, wie unterschiedlich die Verständigung zwischen den Akteuren eines Netzwerks verlaufen kann:

Erfahrungen in Kommune A nach ca. drei Arbeitsgruppentreffen:	Erfahrungen in Kommune B nach ca. drei Arbeitsgruppentreffen:
Die Teilnehmer sind sehr aktiv.	Die Teilnehmer warten ab, was kommt, verhalten sich größtenteils eher passiv.
Die Situation in der Kommune wird intensiv diskutiert, viele Ideen eingebracht.	Es braucht viel Zeit, um Ideen hervorzulocken.
Die Teilnehmer wollen praktisch und konkret handeln und sich nicht zu lange mit Reflexion aufhalten.	Der Handlungsauftrag ist den Teilnehmern nicht klar.
Das Forum ist auf die Strukturierung durch den Netzwerker und das Steuerungsgremium angewiesen.	Einzelinteressen stehen noch im Vordergrund. Konkurrenzen werden schnell deutlich.
	Die Arbeitsgruppe benötigt Ideen, die von außen kommen und motivieren, sowie Vorbilder für Zusammenarbeit.

Es lohnt sich,
flexibel zu sein

Die Initiatoren des Netzwerks – z. B. (Ober-)Bürgermeister, zuständige Dezernenten, Jugendhilfeausschuss – sollten sich gemeinsam mit dem Netzwerker und ggf. dem Moderator im Vorfeld ihrer Aktivitäten zum Aufbau eines Netzwerks auf verschiedene Situationen einstellen und sorgfältig überlegen, welche Impulse ein interprofessioneller Dialog in der Kommune benötigt, um in Gang zu kommen und sich weiterzuentwickeln.

2.4 Funktion und Arbeitsformen des Steuerungsgremiums

Kooperation der Entscheidungsträger aus Jugendhilfe – Schule – Gesundheit

Der beschriebene interprofessionelle Dialog bedarf einer Steuerung, insbesondere in Bezug auf die Umsetzbarkeit der in den Arbeitsgruppen entwickelten Vorschläge und Maßnahmen. Dieses Kapitel beschreibt, worauf es bei der Steuerung von Netzwerken frühkindlicher Bildung in der Praxis ankommt.

Wer steuert kommunale Netzwerke?

Einem Steuerungsgremium für ein kommunales Netzwerk frühkindlicher Bildung können Entscheidungsträger aus Politik und Verwaltung angehören (vgl. Abbildung 8). Welche Personen in das Steuerungsgremium aufgenommen werden, ist je nach inhaltlicher Ausrichtung des kommunalen Netzwerks für Kinder unterschiedlich. Entscheidend ist, dass Politik und Verwaltung zu einem Konsens darüber gelangen, wie die Steuerungsgruppe besetzt sein sollte.

Im Steuerungsgremium sitzen Entscheidungsträger

Die folgende Aufzählung beinhaltet Vorschläge für eine mögliche Besetzung des Steuerungsgremiums:
- Vorsitzender des Jugendhilfeausschusses
- Vorsitzender des Schulausschusses
- zuständige Dezernenten
- Leitungen des Jugendamts, Gesundheitsamts, Sozialamts, Schulamts sowie des Bildungsausschusses
- Jugendhilfevorsitzender
- Jugendhilfeplaner der Kommune
- Kinderbeauftragter der Kommune
- Verantwortliche der großen Träger in der Kommune
- Abgeordnete des Kreis- und Landtags

Abbildung 8: Die Vernetzung auf der Ebene von Politik und Verwaltung

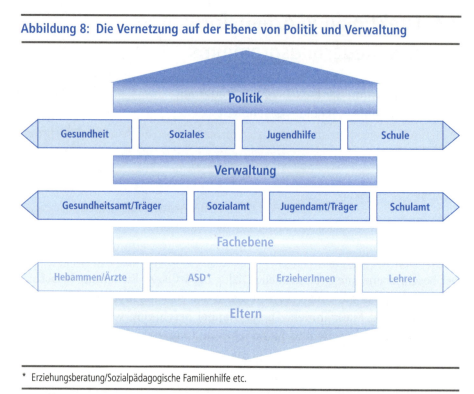

* Erziehungsberatung/Sozialpädagogische Familienhilfe etc.

- Leitungen des Kita-Referats der freien Wohlfahrtsverbände
- Elternvertreter und Bürger

Nicht vergessen:
Eltern mit einbeziehen

Mit der Einbindung dieser Entscheidungsträger sind die Voraussetzungen für einen systematischen Dialog über die Verbesserung frühkindlicher Bildungsangebote über alle kommunalen Ebenen hinweg geschaffen. Es empfiehlt sich, von vornherein auch Vertreter der Eltern in das Steuerungsgremium mit einzubeziehen, zum Beispiel Mitglieder des Stadtelternrats oder der Stadtschulpflegschaft.

Warum ist Steuerung erforderlich?

Steuerung motiviert
und unterstützt

Das Steuerungsgremium unterstützt und motiviert die Akteure der Fachebene und Eltern/Bürger bei der Entwicklung von Maßnahmen zur Verbesserung frühkindlicher Bildungsangebote. Seine Mitglieder diskutieren die von den Arbeitsgruppen unterbreiteten Handlungsempfehlungen, geben diesen Rückmeldung über ihre Einschätzung der Realisierungschancen, bündeln die Vorschläge und bereiten sie zur Weiterleitung an den Stadtrat, den

Jugendhilfe- oder Schulausschuss vor, die über die Umsetzung der vorgeschlagenen Maßnahmen entscheiden (siehe Kapitel 3.5). Mit anderen Worten:
Das Steuerungsgremium vertritt die mit dem Netzwerk abgestimmten Leit-
linien und Ziele sowie die ihm vorgelegten Handlungsempfehlungen gegenüber den kommunalen Entscheidungsträgern. Die Aufgabe des Netzwerkers
hierbei ist mit der eines »Geschäftsführers« vergleichbar, der mit einem
»Vorstand« (Steuerungsgremium) zusammenarbeitet. Er bereitet »Beschluss-
vorlagen« vor und bindet im Vorfeld alle wichtigen Personen und Ebenen
des Netzwerks ein. Die Aufgaben der Mitglieder im Steuerungsgremium
sind sehr vielfältig:

Aufgaben des
Steuerungsgremiums
im Überblick

- Sie diskutieren und entscheiden über den Aufbau, die Zusammensetzung
  und die thematischen Schwerpunkte des Netzwerks.
- Sie unterstützen den Dialog zwischen Politik, Verwaltung, der Fachebene
  und den Bürgern (vertikale Ebene) sowie innerhalb dieser Bereiche (hori-
  zontale Ebene), damit alle gemeinsam Konzepte und konkrete Handlungsempfehlungen für bedarfsorientierte frühkindliche Bildungsangebote entwickeln können (vgl. Kapitel 3.5).
- Sie vertreten das Netzwerk in der Kommune und legen dem Jugendhilfeausschuss die mit der Fachebene, der Elternschaft und ggf. anderen Bürgern gemeinsam entwickelten Handlungsempfehlungen vor.
- Sie sichern die Finanzierung des Netzwerks, indem sie das für seine Realisierung erforderliche Budget veranschlagen und dessen Bewilligung in
  der Kommune einfordern.
- Sie bringen Anerkennung und Wertschätzung für die Arbeit der Akteure
  zum Ausdruck. Denn gebraucht und gelobt zu werden, ist ein sehr wichtiger »Treibstoff« für Engagement.

Wie entsteht ein Steuerungsgremium?

Dem Netzwerker bieten sich mehrere Möglichkeiten an, um Entscheidungsträger aus Politik und Verwaltung für die Steuerung des Netzwerks frühkindlicher Bildung zu gewinnen. Sicher ist zu diesem Zeitpunkt bereits bekannt,
ob in der Kommune schon Gremien bestehen, die sich mit dem Thema frühkindliche Bildung befassen. Das könnte zum Beispiel ein gemeinsamer
Jugendhilfe- und Schulausschuss sein, der sich bei Bedarf erweitern ließe,
oder eine aktive Arbeitsgruppe wie eine Kreisgesundheitskonferenz, in der
bereits Vertreter des Jugendamtes, von freien Kita-Trägern, Schulen u. a. zusammenarbeiten.

Bestehende Gremien
einbeziehen

Besteht in einer Kommune bereits ein Gremium, das für die Steuerung
des Netzwerks geeignet wäre, so kann dieses genutzt werden. Dabei sollte der

Netzwerker sein Augenmerk auf die Zusammensetzung dieses Steuerungsgremiums richten: Wenn seine Mitglieder möglichst verschiedene Politikfelder repräsentieren, besteht kaum Gefahr, dass ein Amt oder Bereich bei der Entscheidungsfindung dominiert. Ansonsten sollte der Netzwerker sich dafür einsetzen, das Gremium um neue Akteure aus anderen Bereichen zu erweitern.

Ein neues Steuerungs-gremium bilden

Fehlt in der Kommune bislang ein solches Gremium, muss ein neues Steuerungsgremium für das Netzwerk ins Leben gerufen werden. In diesem Fall ist es Aufgabe des Netzwerkers, die infrage kommenden Entscheidungsträger der Kommune für eine Mitwirkung zu gewinnen. Die Erfolgsaussichten dafür steigen, wenn er von einem der Initiatoren des Netzwerks – zum Beispiel dem (Ober-)Bürgermeister, der Jugendamtsleitung oder dem Jugendhilfedezernenten – dabei unterstützt wird. Hier kann insbesondere der (Ober-)Bürgermeister viel bewegen, indem er persönlich ein Steuerungsgremium beruft oder in einem persönlichen Brief für eine Teilnahme wirbt.

Beispiel aus »Kind & Ko«

In »Kind & Ko« gehörten folgende Personen dem Steuerungsgremium an:
Kommune A
- Bürgermeisterin für Jugendhilfe, Schule, Soziales
- Abteilungsleitung Kindertagesstätten
- Leiter des Jugendhilfeausschusses und Vertreter eines großen kommunalen Trägers
- Referent am regionalen Schulamt
- Mitarbeiterin des Gesundheitsamtes
- Vorsitzende des Unterausschusses für Kindertagesstätten im Jugendhilfeausschuss

Kommune B
- Dezernent für Jugendhilfe, Schule, Soziales
- Leiterin des Kreis-Schulamtes mit Zuständigkeit für Grundschulen
- Leiterin des Jugendamtes
- Vertreter eines großen freien Trägers
- Sprecher der kommunalen Schulleiterkonferenz der Grundschulen
- Vorsitzende des Jugendhilfeausschusses

Aufgaben des Steuerungsgremiums im kommunalen Netzwerk

Das Steuerungsgremium stimmt mit dem Netzwerker die grundsätzlichen Aspekte des Netzwerks ab: die Zusammensetzung der Akteure, die Auswahl der Schwerpunktthemen, die Bildung und Zusammensetzung der Arbeitsgruppen und die Umsetzung von konkreten Maßnahmen. Die Entscheidungen über die Umsetzung der von den Akteuren der Fachebene, den Eltern und Bürgern vorgeschlagenen Maßnahmen trifft das Steuerungsgremium nach Möglichkeit einvernehmlich. Es trifft sich mindestens drei bis vier Mal im Jahr.

Für alle Akteure des Netzwerks ist es wichtig zu wissen, dass die Mitglieder des Steuerungsgremiums ihre Arbeit unterstützen, hinter ihnen stehen und ihre Aktivitäten auch in gewisser Weise antreiben. Natürlich kann es dabei auch zu Konflikten und Widersprüchen zwischen kommunalen Entscheidungsträgern und den anderen Akteuren kommen, vor allem aufgrund unterschiedlicher Perspektiven und Interessenlagen. Doch können solche Konflikte und Widersprüche auch die Chance bergen, diese gemeinsam und zielorientiert zu lösen und auf diese Weise zur Verbesserung der frühkindlichen Bildungslandschaft in der Kommune beizutragen. Voraussetzung dafür ist, dass Steuerungsgremium, Fachebene, Eltern und andere Bürger gemeinsam eine möglichst detaillierte Vorstellung von der Arbeitsweise des Netzwerks und der Partizipation der Beteiligten entwickeln. Deshalb setzen sich die Mitglieder des Steuerungsgremiums mit den Zielen und Inhalten des Netzwerks auseinander und stimmen mit den Arbeitsgruppen deren vorgeschlagene Maßnahmen ab, bevor sie diese dem Jugendhilfeausschuss zur Beschlussfassung vorlegen. Dies ist eine zentrale Aufgabe des Steuerungsgremiums, das ja in gewisser Weise den Auftraggeber für die Umsetzung des Netzwerks – den Jugendhilfeausschuss – vertritt.

Das Steuerungsgremium als Unterstützer und Förderer des Netzwerks

Zu bedenken ist, dass auch die Mitglieder des Steuerungsgremiums unterschiedliche Sichtweisen haben und möglicherweise verschiedene Meinungen vertreten. Für einige ist es vielleicht noch ungewöhnlich, in Netzwerkstrukturen zu denken, weshalb sie eher an der Umsetzung kleinerer Projekte als an einer grundsätzlichen Veränderung der Strukturen interessiert sind. Auch in ihre Entscheidungsträger-Funktion muss ein Steuerungsgremium häufig erst hineinwachsen. Im Verlauf des Projektes »Kind & Ko« zeigte sich, dass die in den Modellkommunen eingerichteten Steuerungsgremien ihre Rolle im Netzwerkprozess im Laufe der Zeit erst finden mussten.

Dialog und Konsensfindung

Wie ein Steuerungsgremium in der Praxis in seine Rolle als treibende Kraft hineinwächst, zeigt das folgende Beispiel.

Zitat einer Netzwerkerin

»Mir war es wichtig, dass sich die Akteure aus der Praxis im Steuerungsgremium präsentieren und ihre Projekte vorstellen. Dadurch entstand eine andere Form des Dialogs zwischen Praxis und Entscheidungsträgern und das Steuerungsgremium wurde sich plötzlich seiner Rolle als Gremium bewusster. Zuvor konnte man eher von Einzelspielern sprechen, die jeweils eine unterschiedliche Nähe zum Projekt hatten. (…) Im Laufe der Zeit ist vielen Mitgliedern des Steuerungsgremiums bewusst geworden, welche Komplexität die Vernetzungsprozesse entwickeln. Durch konkret geforderte Entscheidungen, die sie auch in der Kommune vertreten mussten, konnten die Mitglieder in ihre Rolle hineinfinden und sich mit dem Netzwerk identifizieren. Die Mitglieder merkten erst allmählich, dass sie eine wichtige Funktion für den Erfolg des Netzwerks einnehmen und Einfluss auf die Prozesse nehmen können und müssen.«

Beziehung Netzwerker – Steuerungsgremium

Der Netzwerker informiert das Steuerungsgremium

Der Netzwerker trägt wesentlich dazu bei, dass das Steuerungsgremium seine Aufgaben im Rahmen der kommunalen Vernetzung erfüllen kann. Dafür muss er die Übersicht über alle Entwicklungen im Netzwerk behalten, die Kommunikation steuern und in Gang halten, Inhalte zusammentragen, Vorlagen zur Entscheidung liefern und die Entscheidungsfindung forcieren. Auf der Grundlage dieser Arbeit kann das Steuerungsgremium die vom Netzwerk erzielten Ergebnisse in Form von Handlungsempfehlungen begutachten, diskutieren und politisch umsetzen.

Der Netzwerker vermittelt zwischen Entscheidungsträgern und Fachebene

Hinzu kommt, dass die Mitglieder des Steuerungsgremiums aus unterschiedlichen Bereichen und Themenkontexten stammen und – insbesondere in der Anfangsphase und zumal sie nicht kontinuierlich damit befasst sind – noch keine klaren Vorstellungen von ihren Aufgaben im Rahmen des kommunalen Netzwerks haben. Hier bietet der Netzwerker Orientierungshilfe, indem er die Sitzungen des Steuerungsgremiums vorbereitet. Er sorgt dafür, dass die Mitglieder genau und umfassend über die Arbeit des Netzwerks informiert werden und ihrerseits Wünsche und Anliegen vorbringen können. Am besten moderiert er die Sitzungen des Steuerungsgremiums selbst. Auf diese Weise kann er seine Vermittlerrolle zwischen den Entscheidungsträgern und den Praktikern aus der Fachebene ideal erfüllen und den Dialog zwischen allen im Netzwerk beteiligten Akteuren in Gang halten.

Praxiserfahrung aus »Kind & Ko«

Die Jugendamtsleitung reflektiert nach zwei Jahren Erfahrung mit dem kommunalen Netzwerk, dass das Steuerungsgremium viel eher hätte erweitert werden müssen, z.B. um Entscheidungsträger des Schulamts und des Gesundheitsamts. »Es hatte sich gezeigt, dass Maßnahmen viel schneller entscheidungsreif sind, wenn die entsprechenden leitenden Positionen im Steuerungsgremium vertreten sind. Wenn man flächendeckend Veränderungen bewirken will, kommt es darauf an, dass Entscheidungsträger möglichst vieler verschiedener Bereiche diesen zustimmen und sie dadurch mittragen. Deshalb haben wir zu Beginn neuer Projekte überlegt, um welche Entscheidungsträger das Steuerungsgremium ggf. noch erweitert werden müsste, um deren Realisierung schneller vorantreiben zu können.«

Im Überblick lassen sich die wichtigsten Aufgaben des Netzwerkers gegenüber dem Steuerungsgremium wie folgt darstellen: Der Netzwerker

- lädt die infrage kommenden kommunalen Entscheidungsträger zur Teilnahme an dem Steuerungsgremium ein und prüft im weiteren Verlauf der Vernetzung, welche Akteure zusätzlich in das Steuerungsgremium mit aufgenommen werden sollten,
- informiert über die aktuelle Entwicklung der anderen Gremien des Netzwerks (Arbeitsgruppen, Forum, Impulsprojekte),
- moderiert die Sitzungen, steuert die Diskussionen und bereitet die Vorlagen für anstehende Entscheidungen vor,
- beobachtet, wie die einzelnen Entscheidungsträger ihre Aufgabe wahrnehmen, und unterstützt sie im Bedarfsfall dabei, ihre neue Rolle im Netzwerk zu finden,
- unterstützt den Dialog zwischen den kommunalen Entscheidungsträgern und den Akteuren der Fachebene, indem er Fachvertreter zu Sitzungen des Steuerungsgremiums einlädt oder umgekehrt einzelne Entscheidungsträger als »Paten« in Arbeitsgruppen, im Forum u.a. mit einbezieht (vgl. Kapitel 3.4 und 3.5), und
- bereitet die schriftlichen Vorlagen für die Sitzungen des Steuerungsgremiums vor und verteilt diese an die Teilnehmer (z.B. Protokolle, Tischvorlagen mit aktuellen Informationen, Statistiken, Handlungsempfehlungen der Arbeitsgruppen u.a.).

Zusammenfassend hat der Netzwerker dafür Sorge zu tragen, dass das Steuerungsgremium über alle Entwicklungen des Netzwerks umfassend informiert

Die Aufgaben des Netzwerkers im Überblick

Vgl. »Protokoll Steuerungsgremium-Beispiel.pdf« und »Tagesordnung Steuerungsgremium.pdf«

und in diese mit einbezogen ist, sodass seine Mitglieder ihre Aufgabe als »umsichtige« Entscheidungsträger wahrnehmen können.

Literatur zu Kapitel 2

Weber, Susanne. *Vernetzungsprozesse gestalten*. Wiesbaden 2002.

Weber, Susanne. »Netzwerkentwicklung als Lernprozess«. *Mit Netzwerken professionell zusammenarbeiten. Band II: Institutionelle Netzwerke in Steuerungs- und Kooperationsperspektive*. Hrsg. Petra Bauer und Ulrich Otto. Tübingen 2005. 127–179.

3 Das kommunale Netzwerk erfolgreich praktizieren

3.1 Schritt für Schritt zum gemeinsamen Handeln

Eine Übersicht

Ein Netzwerk muss über Tatkraft und Durchsetzungsvermögen verfügen. Nur so können in der Kommune wirklich nachhaltige Verbesserungen im frühkindlichen Bereich gelingen. Den Antrieb dafür liefern eine gemeinsame Vision und gemeinsame inhaltliche Ziele. Damit die Beteiligten sich möglichst stark mit dem Netzwerk identifizieren können, empfiehlt es sich, Vorstellungen von den wünschenswerten Veränderungen in der Kommune partizipativ zu erarbeiten.

Dies ist der erste strategische Schritt auf dem Weg zu einer Governance frühkindlicher Bildung in der Kommune und die wichtigste Voraussetzung für eine erfolgreiche Zusammenarbeit.

Strategiezyklus von kommunalen Netzwerken

Abbildung 9 zeigt die Aktivitäten eines kommunalen Netzwerks zur Verbesserung der Bildungs- und Entwicklungschancen der Kinder im Überblick. Dargestellt ist die idealtypische logische Abfolge der einzelnen Aktivitäten. Je nach kommunalspezifischen Gegebenheiten kann sie auch anders aussehen, denn entsprechend der dynamischen Struktur des Netzwerks passt sich auch das gemeinsame Handeln seiner Akteure erforderlichen Veränderungen an.

An den örtlichen Gegebenheiten orientieren

Abbildung 9: Strategiezyklus von kommunalen Netzwerken

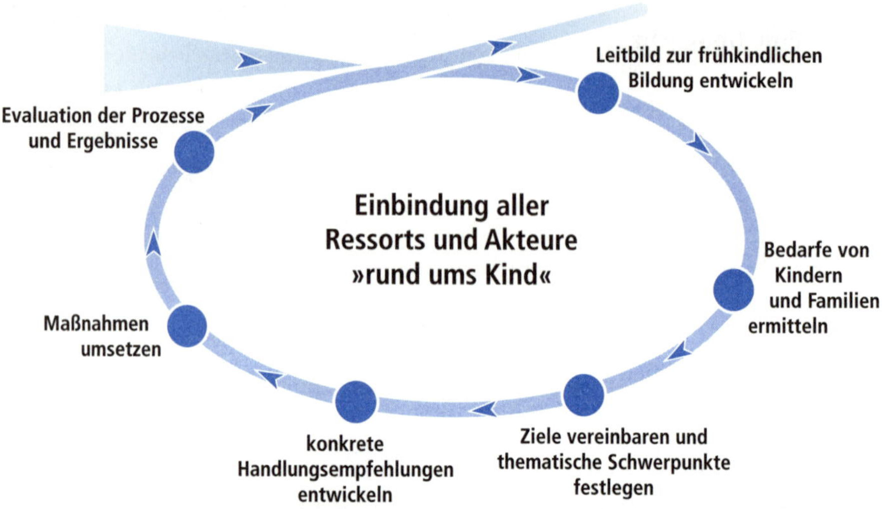

Leitbild zur frühkindlichen Bildung entwickeln

Evaluation der Prozesse und Ergebnisse

Einbindung aller Ressorts und Akteure »rund ums Kind«

Bedarfe von Kindern und Familien ermitteln

Maßnahmen umsetzen

konkrete Handlungsempfehlungen entwickeln

Ziele vereinbaren und thematische Schwerpunkte festlegen

Schritte zum gemeinsamen Handeln

Entwicklung eines Leitbilds zur frühkindlichen Bildung

Das Leitbild formuliert Grundsätze und Wertvorstellungen

Inhaltliche Ausgangsbasis für ein Netzwerk für Kinder in der Kommune ist ein gemeinsam mit den Akteuren entwickeltes Leitbild. Es beschreibt, was für Kinder in der Kommune verbessert werden soll und welche Grundsätze und Werte dem zu Grunde liegen. Es dient den Akteuren zur Orientierung (vgl. Kapitel 3.2). Darauf aufbauend können die Akteure später ihre Ziele vereinbaren und die dafür erforderlichen Maßnahmen planen und umsetzen. Alle infrage kommenden Akteure »rund ums Kind« sowie Eltern und andere Bürger werden in die Entwicklung des Leitbildes mit einbezogen. So können sie sich mit dem Leitbild identifizieren und seine Ziele mittragen und unterstützen.

Ermittlung der Bedürfnisse von Kindern und Familien

Eine Bedarfsermittlung informiert über die Lebensverhältnisse von Kindern

Wesentliche Voraussetzung für die Entwicklung bedarfsgerechter frühkindlicher Bildungs- und Betreuungsangebote ist ein solides Wissen über die Lebensbedingungen von Kindern und ihren Familien in der Kommune (vgl. Kapitel 3.2), aus dem sich Schlussfolgerungen über die Bedürfnisse der Betroffenen ziehen lassen. Es empfiehlt sich daher, dass Kommunen vor der

Bildung eines Netzwerks zur frühkindlichen Bildungslandschaft eine Bedarfs-ermittlung durchführen. Diese kann beispielsweise Informationen liefern über

- die wirtschaftliche und soziale Situation der Familien in der Kommune,
- das aktuelle Angebot an Bildungs- und Betreuungseinrichtungen für Kinder im Vorschulalter,
- deren Qualität und Nutzung sowie
- den aktuellen Stand der Vernetzung zwischen den kommunalen Akteuren »rund ums Kind«.

Festlegung der thematischen Schwerpunkte und Zielvereinbarung

In jeder Kommune gibt es rund um die frühkindliche Bildung und Betreuung zahlreiche Arbeitsfelder und Themen, in denen sich das Netzwerk engagieren kann. Deshalb muss man sich innerhalb des Netzwerks zunächst über den Handlungsbedarf einigen, über Ziele verständigen und inhaltliche Schwerpunkte setzen (vgl. Kapitel 3.2) – zum Beispiel eine kontinuierliche Gestaltung des Übergangs von der Kita in die Schule oder eine bessere Gesundheitsförderung für Kinder.

Einigung über Schwerpunktthemen

Entwicklung von Handlungsempfehlungen

Handlungsempfehlungen sind das zentrale Element einer kommunalen Governance frühkindlicher Bildung. Sie enthalten erste Ideen und Antworten auf die wesentliche Frage: »Was sollten wir an welcher Stelle konkret tun, um die frühen Entwicklungschancen für kleine Kinder spürbar zu verbessern?« Denn ein Leitbild, eine Bedarfsermittlung, eine Zielvereinbarung und thematische Schwerpunkte sind zwar unabdingbare Voraussetzungen für eine erfolgversprechende Arbeit, bewirken aber noch keine Veränderung in der Praxis. Startschuss dafür sind die Handlungsempfehlungen. Weil sie in enger Abstimmung aller relevanten Stakeholder (Interessengruppen) entwickelt werden, stellen sie gewissermaßen eine Selbstverpflichtung zum Handeln dar. Anschließend werden die Handlungsempfehlungen den kommunalen Entscheidungsgremien zur Verabschiedung vorgelegt.

Handlungsempfehlungen als Selbstverpflichtung

Kapitel 3.3 beschreibt Aufgabe und Funktion von Handlungsempfehlungen in kommunalen Netzwerken für Kinder, in Kapitel 3.4 finden sich praktische Hinweise zu deren Entwicklung, in die eine Vielzahl von Fachakteuren sowie Eltern und Bürger ihre Ideen einbringen können. Aufgabe des Netzwerkers ist hierbei, die unterschiedlichen Meinungen und Vorstellungen der zahlreichen Akteure zu koordinieren.

Umsetzung der Maßnahmen

Kapitel 3.5 beschreibt, in welchen Schritten die Akteure des Netzwerks die Handlungsempfehlungen in die Praxis umsetzen können und was sie dabei beachten sollten. Bei der Umsetzung selbst kommt die gesamtkommunale Verantwortungsgemeinschaft für Kinder zum Tragen, weil hier nicht nur die Akteure des Netzwerks beteiligt sind, sondern auch viele weitere Vertreter der Fachebene, d.h. verschiedene Berufe »rund ums Kind«, sowie Eltern und andere Bürger.

Handlungs-empfehlungen bedürfen der Legitimation

Evaluation der Prozesse und Ergebnisse

Evaluation überprüft nicht nur die Wirksamkeit von Maßnahmen, sie trägt auch dazu bei, die Akteure im Netzwerk handlungsfähig zu machen. Dazu gehört beispielsweise, dass die Ziele der Netzwerkarbeit bzw. der Maßnahmen möglichst konkret und damit überprüfbar formuliert werden müssen. Kapitel 4.4 beschreibt am Beispiel der »Kind & Ko«-Modellkommunen Chemnitz und Paderborn, wie die Evaluation in die Netzwerkarbeit eingebunden werden kann. Außerdem wird gezeigt, wie ihre Ergebnisse dazu beitragen, die Netzwerkarbeit zu steuern und die Maßnahmen zur Steigerung der frühkindlichen Entwicklungs- und Bildungschancen ständig weiterzuentwickeln.

Evaluation überprüft Wirksamkeit von Maßnahmen

Wechselwirkung zwischen Struktur und Prozess

Jedes Netzwerkhandeln hat auch Einfluss auf die Netzwerkstruktur, und diese wirkt wieder auf das Handeln zurück. Auf diese Weise entwickelt sich eine Dynamik zwischen der Ebene des Handelns und der Ebene der Struktur.

Auslöser für den Netzwerkprozess ist das gemeinsame Ziel, alle lokalen Akteure rund ums Kind zusammenzubringen. In der Anfangsphase richtet sich das gemeinsame Handeln daher hauptsächlich auf die Schaffung geeigneter Netzwerkstrukturen für einen ersten interdisziplinären Dialog. Aus diesem gehen nach und nach die weiteren Handlungsschritte hervor. Dafür müssen wiederum die strukturellen Voraussetzungen geschaffen werden, zum Beispiel das Steuerungsgremium und die Arbeitsgruppen für die konkrete Arbeit innerhalb des Netzwerks. Jeder Schritt im Netzwerkprozess impliziert die Frage, ob Struktur und anstehende Aufgaben noch »zusammenpassen« oder ob neue Aspekte eingetreten sind, die eine Kurskorrektur erfordern. Das Steuerungsgremium bringt sich hier auch als Korrektiv im Hinblick auf die beschlussfassenden Gremien in der Kommunalverwaltung ein.

Abbildung 10: Steuerungsstruktur und gemeinsames Handeln im kommunalen Netzwerk für Kinder

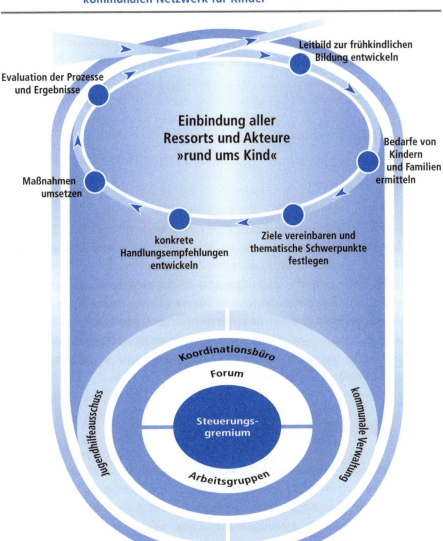

Beide Ebenen entwickeln sich ständig weiter. Handlungsprozess und Struktur entfalten dabei eine Wechselwirkung, die Veränderung in Gang bringt – sowohl bei den Strukturen als auch im gemeinsamen Handeln. Ein erfolgreich arbeitendes Netzwerk führt deshalb zu neuen Formen der Zusammenarbeit. Diese Wechselwirkung von Struktur und Prozess im kommunalen Netzwerk kommt nur dann zum Tragen, wenn es vom Konzept her dynamisch und offen für Veränderungen angelegt ist.

3.2 Leitbildentwicklung, Bedarfsermittlung und Zielfindung

Methoden für Leitbildentwicklung, Bedarfsermittlung und Zielfindung

Leitbild und Ziele haben im Kontext der Netzwerkentwicklung einen sehr hohen Stellenwert. Warum dies so ist, wie man sie im Beteiligungsprozess gemeinsam mit kommunalen Akteuren entwickelt und an welchen lokalen Grundlagen man sich im Leitbildprozess orientieren kann, diesen Fragen widmen sich die folgenden Seiten. In diesem Zusammenhang wird auch näher auf die Bedeutung einer Bedarfsermittlung eingegangen. Beispiele veranschaulichen, wie entsprechende Datensammlungen aussehen können. Es folgen Hinweise, wie man Ziele richtig formuliert und wo weiterführende Informationsquellen zu finden sind.

Leitbild und Ziele im kommunalen Vernetzungsprozess

Viele Kommunen haben bereits aufwändige Prozesse der Leitbildentwicklung hinter sich. Nicht in allen Fällen mündeten die Leitbilder in einen Handlungsprozess oder in vorzeigbare Ergebnisse. Aber ein erfolgreich initiierter und ernsthaft geführter Leitbildprozess ist schon für sich gesehen ein Erfolg für jede Kommune. Denn die Auseinandersetzung mit Leitbildern und Zielen liefert wichtige Denkanstöße, fördert den Dialog zwischen kommunalen Akteuren über die Lebenswirklichkeit vor Ort und regt Visionen für die Zukunft an.

Leitbilder und Ziele geben unserem Handeln Richtung, Energie und Motivation. Sie ermöglichen es, den Erfolg unserer Aktivitäten zu überprüfen, und erleichtern deren Darstellung nach außen. Leitbilder und Ziele sind aus der Praxisarbeit nicht wegzudenken. Aber obwohl kaum jemand bezweifelt, dass es sinnvoll ist, Ziele zu haben, wird diese Erkenntnis selten optimal umgesetzt. Hier die häufigsten Fehler:

Leitbilder und Ziele als Orientierungshilfen

- Es gibt zwar Ziele, aber lediglich in den Köpfen von Prozessverantwortlichen – aufgeschrieben wurden sie nie.
- Es gibt Ziele in Projektanträgen o. ä. Papieren, die kaum Orientierungskraft besitzen, weil sie zu wenig konkret sind.
- Es gibt ein Leitbild, das jedoch von den kommunalen Beteiligten nicht mitgetragen wird, weil das Steuerungsgremium es formuliert hat.
- Die existierenden Ziele kennen die Beteiligten zwar, richten ihr Handeln aber häufig nicht danach aus.
- Es gibt ein komplettes Zielsystem, das zu Beginn der Prozessplanung entwickelt wurde, das aber mit der Netzwerkrealität längst nichts mehr zu tun hat, weil es nicht an dessen wichtige Veränderungen angepasst wurde.

Häufige Fehler bei der Entwicklung von Leitbildern und Zielen

Es empfiehlt sich daher, bei der Arbeit mit Zielen und Leitbildern äußerst ernsthaft und sorgfältig vorzugehen. Sie erfordert Mut und Bereitschaft zur

- Explizierung und Festschreibung,
- Konkretisierung und Fokussierung,
- Partizipation aller Beteiligten bei der Formulierung von Leitbildern und Zielen (und damit ggf. Kompromissen),
- Konsequenz bei der Umsetzung von der Planung zum Handeln, aber auch zur Änderung von Zielen, wenn sie mit den Rahmenbedingungen der Arbeit nicht mehr vereinbar sind, sowie zur
- regelmäßigen Aktualisierung.

Voraussetzungen für die Arbeit mit Leitbildern und Zielen

Aber zunächst ist zu klären, was hier unter »Leitbildern« und »Zielen« verstanden werden soll und welche Logik dahintersteht:

Ein Leitbild drückt aus, was in der Kommune auf welche Weise sehr langfristig erreicht werden soll, ohne dass dabei konkrete Ziele formuliert werden. Es enthält Aussagen zu Grundsätzen, Werten und Wegen. Ein Leitbild für bessere frühkindliche Entwicklungschancen gibt gleichsam die Philosophie der Kommune im Hinblick auf dieses Thema wieder.

Leitbilder drücken langfristige Vorhaben aus

Hier einige denkbare Formulierungen, die in einem solchen Leitbild enthalten sein könnten:

- »Jedes Kind wird in unserer Kommune in seiner Eigenaktivität geachtet und in seinen Bildungsprozessen individuell unterstützt.«
- »Wir orientieren uns daran, dass Bildung nicht ein von Institutionen bestimmter Prozess ist, sondern vom Kind ausgeht und mit der Geburt beginnt.«
- »Wir erkennen die verantwortliche fürsorgliche Aufgabe der Eltern für ihr Kind an und beziehen sie in all unsere Entscheidungen partizipatorisch ein.«

Implizit finden sich Elemente eines Leitbildes beispielsweise in Förderplänen oder Stadtentwicklungsberichten. Teilweise verfügen Kommunen jedoch bereits über explizite Leitbilder, die beispielsweise auf der Homepage der Kommune zum Download bereitstehen. Ein Beispiel für ein bildungspolitisches Leitbild – hier jedoch beschränkt auf den Bereich Schule – findet sich in dem »Leitbild der Schulstadt Dortmund« (2007). Darin werden u.a. die individuelle und ganzheitliche Förderung von Schülern, die Förderung von Chancengleichheit sowie die Vernetzung der an Schule beteiligten Personen und Institutionen als Grundsätze hervorgehoben.

Ziele geben erwünschte Zustände wieder

In Zielen werden die erwünschten Zustände in der Zukunft beschrieben, die durch das Handeln der kommunalen Beteiligten im Rahmen von Maßnahmen herbeigeführt werden sollen. Im Idealfall sind sie im Präsens und positiv formuliert (keine »Vermeidungsziele« – »es soll weniger …« oder »wir wollen nicht, dass …«) und beschreiben, was genau z.B. bei Zielpersonen stabilisiert oder verändert sein soll. Zudem sollte ein Zeitpunkt bestimmt werden, zu dem das Ziel erreicht sein soll.

Ziele gibt es auf unterschiedlichen Ebenen. Sie können unkonkret und langfristig gültig sein und eher eine Vision ausdrücken als wirklich handlungsanleitenden Charakter haben. Diese unkonkreten Ziele können aber auch zu Teilzielen heruntergebrochen werden, die beispielsweise das erwünschte Resultat einer einzelnen Handlung eines Netzwerkakteurs vorwegnehmen und das Ableiten konkreter Maßnahmen ermöglichen. Ein Beispiel für ein solches »Zielsystem« findet sich in Tabelle 3 (S. 103).

Leitbild und Ziele müssen sich logisch aufeinander beziehen

Leitbild und Ziele einer Kommune müssen sich aufeinander beziehen und in einem logischen Zusammenhang stehen. Das Leitbild wird den Zielen übergeordnet und dient als eine Orientierung für die Zielformulierung. Es antwortet auf die in der Kommune festgestellten Bedarfe. Aus den Zielen werden schließlich konkrete Maßnahmen abgeleitet, die durch Netzwerkakteure umgesetzt werden. Abbildung 11 verdeutlicht diese Logik.

Leitbild- und Zielfindung im Rahmen der Netzwerkentwicklung

Schritte zur Leitbild- und Zielentwicklung

Die Planungsschritte in idealtypischer Reihenfolge (siehe Abb. 11):
1. Formulierung eines Leitbilds mit den wichtigsten lokalen Beteiligtengruppen
2. Sammlung von Daten und Informationen zur Beschreibung einer Ausgangslage und zum Ableiten von Bedarfen in der Kommune
3. Inhaltliche Schwerpunktsetzung, d.h. Auswahl von Feldern, die durch das Netzwerk bearbeitet werden sollen
4. Formulierung von Zielen und Ableitung von konkreten Maßnahmen

Abbildung 11: Logik und Zusammenhang von Bedarfsermittlung, Leitbild und Zielen auf verschiedenen Ebenen

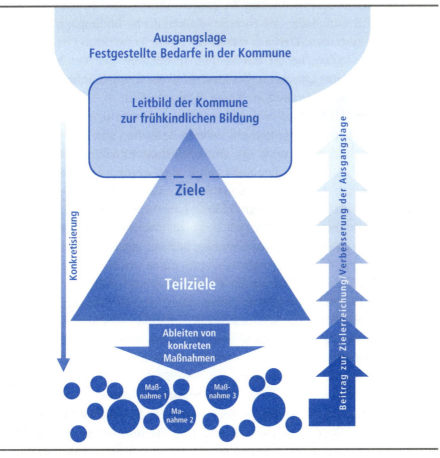

In der Praxis sind diese Schritte nicht immer klar voneinander abgegrenzt. So kann beispielsweise die Bedarfsermittlung in mehreren Etappen erfolgen, je nachdem, welche Notwendigkeiten und Möglichkeiten sich während des Arbeitsprozesses ergeben. Auch die Entwicklung von Leitbild und Zielen wird in der Kommune ggf. zeitlich parallel ablaufen.

Formulierung eines Leitbilds

Ein Leitbild ist die Ausgangsbasis, auf der die Akteure des kommunalen Netzwerks für Kinder Ziele formulieren und Maßnahmen planen können. Es wird gemeinsam mit wichtigen kommunalen Beteiligten entwickelt. Wie beschrieben, enthält es vor allem Aussagen dazu, auf welche Weise langfris-

Das Leitbild als Ausgangsbasis

93

tige kommunale Ziele erreicht bzw. welche Grundsätze dabei beachtet werden sollen (z. B. dass Maßnahmen in Kooperation verschiedener Akteure umgesetzt werden müssen). Wichtig ist, dass mindestens die direkten Prozessbeteiligten (z. B. Mitglieder des Forums »Frühkindliche Bildung«) das Leitbild kennen und mittragen. Deshalb sollten sie an der Entwicklung des Leitbilds beteiligt sein. Zudem bedarf das Leitbild mindestens der Verabschiedung durch das Steuerungsgremium, im Idealfall eines Ratsbeschlusses, um ihm ausreichende Geltung in der Kommune zu verschaffen.

Vor Beginn der Leitbildentwicklung sollte recherchiert werden, ob es in der Kommune bereits Leitbilder aus anderen Bereichen gibt oder womöglich schon ein Leitbild im Bereich der frühkindlichen Bildung existiert. Dann sollte an diese bestehenden Leitbilder angeknüpft werden – im Idealfall ergeben sich Synergien für alle betroffenen Politik- und Tätigkeitsfelder.

Der Leitbild-entwicklung eine Auftakt-veranstaltung voranstellen

Als Auftakt für die Leitbildentwicklung kann eine Veranstaltung dienen, zu der zentrale kommunale Akteure eingeladen werden. Sollte bereits eine Netzwerk- und Gremienstruktur bestehen, können beispielsweise Mitglieder des Forums und des Steuerungsgremiums dafür ausgewählt werden. Die Veranstaltung kann vom Netzwerker vorbereitet werden, indem er einen Vorschlag für ein Leitbild formuliert. Dieser muss nicht perfekt sein – er dient als Verhandlungsbasis, da es in jedem Fall einfacher ist, über etwas Konkretes zu sprechen. Das Verhandlungsergebnis sollte in einem größeren Kreis von Netzwerksakteuren diskutiert werden, zum Beispiel im Forum.

Das entwickelte Leitbild nach außen tragen

Liegt schließlich das Dokument mit dem Titel »Leitbild« in einer abgestimmten Form vor, ist die Zeit gekommen, dass die Akteure es nach außen kommunizieren und lebendig werden lassen. Ein Teil dieser Aufgabe wird bei der anschließenden Schwerpunktsetzung, Zielformulierung und Maßnahmeplanung erfüllt. Im Rahmen der Öffentlichkeitsarbeit des kommunalen Netzwerks sollte stets auch ein Teil des Leitbilds kommuniziert werden. Zu diesem Zweck sollten die Akteure einen Slogan oder eine kurze Botschaft aus dem Leitbild entwickeln, die (möglicherweise in Kombination mit einem Logo) immer wieder auftaucht, beispielsweise auf Flyern oder dem Briefpapier der Netzwerker. Vielleicht gelingt es, die Botschaft zu einem Teil der Öffentlichkeitsarbeit der Kommune werden zu lassen und die Akteure anzuregen, die Botschaft ihrerseits zu verbreiten. Innerhalb des Netzwerks sollte die Diskussion über das Leitbild stets weitergeführt werden und im gesamten Denken und Handeln »mitschwingen«. Es wird im Idealfall immer wieder grundsätzliche Diskussionen der Beteiligten geben, beispielsweise im Rahmen von Forumssitzungen oder Arbeitsgruppen. Sie sollten – sofern sie den gegebenen Rahmen nicht sprengen – nicht unterbunden werden, da sie dazu beitragen, das Leitbild lebendig zu erhalten und es zu verinnerlichen, aber auch den Beteiligten ermöglichen, das Leitbild nach Bedarf anzupassen.

Potenzielle Quellen von Konflikten im Rahmen der Leitbildentwicklung sind:

- Der hohe mit der Entwicklung des Leitbilds und Klärung der Ziele verbundene Aufwand wird von den Akteuren als ungerechtfertigt kritisiert, sie möchten lieber gleich in die »eigentliche Arbeit« einsteigen. Die »eigentliche Arbeit« wird aber viel effizienter und erfolgreicher verlaufen, wenn die Beteiligten dabei konkrete Ziele und die im Leitbild formulierte Vision im Auge behalten können.

- Die Erwartungen daran, was mit dem neuen kommunalen Leitbild bewegt wird, sind hoch und die Beteiligten sind enttäuscht, wenn die erwarteten Änderungen nicht in überschaubarer Zeit eintreten. In diesem Fall können wichtige oder »prominente« Schlüsselpersonen aus der Kommune dafür werben, sich weiterhin für die Weiterverbreitung und Umsetzung des Leitbilds einzusetzen, und der Netzwerker sollte darauf aufmerksam machen, dass Veränderungen viel Zeit benötigen, also nicht von heute auf morgen umzusetzen sind.

Ausgangslage und Bedarf

Auch wenn dies in der Realität nur selten vollständig gelingen wird: Im Idealfall stehen vor der Entwicklung von Zielen die Beschreibung einer Ausgangslage in der Kommune sowie die Erhebung möglichst aussagekräftiger Daten und Informationen, damit der Handlungsbedarf beurteilt werden kann. Dies ist die Voraussetzung dafür, Schwerpunkte der Netzwerkarbeit festzulegen, Ziele passgenau zu formulieren und in Maßnahmen umzusetzen.

Datenumfang und geeignete Erhebungsmethode

Dabei kommen für die Beschreibung der Ausgangslage verschiedene Bereiche infrage, die im Kontext der angestrebten Netzwerkentwicklung eine Rolle spielen:

Tabelle 1: Mögliche Bereiche der Beschreibung eines Status quo in der Kommune

Beschreibung einer Ausgangslage/Aussagen zum Status quo im Hinblick auf ...		
Lebenssituationen von Familien und Kindern in der Kommune	Vorhandene Angebote/ Dienstleistungen für Familien und Kinder	Stand der Vernetzung zwischen kommunalen Akteuren
Beispiele relevanter Aspekte:	*Beispiele relevanter Aspekte:*	*Beispiele relevanter Aspekte:*
Wie viele Kinder/Familien leben in der Kommune? Um welche Formen des Zusammenlebens handelt es sich? Wo leben die Kinder/Familien? Wie ist die finanzielle/gesundheitliche ... Situation der Kinder/ Familien?	Wie ausreichend und angemessen sind die Betreuung im Rahmen von Tagespflege/Kindertagesbetreuung sowie schulische Angebote? Welche Angebote gibt es in der Kommune insgesamt für Familien und Kinder (z. B. Familienbildung, Beratung, Freizeitangebote ...)? Wie verhält sich dieses Angebot zu den Bedarfen der Familien und Kinder? Welche Qualität weisen die Angebote für Familien und Kinder auf?	Wie ist der Kenntnisstand über die verschiedenen Akteure »rund ums Kind« in der Kommune? Welche Personen/Institutionen arbeiten bereits zusammen/ welche Kooperationen sind etabliert? Auf welcher Basis/in welcher Form erfolgt eine Kooperation (formal z. B. als Verbund oder informell)?

Umfang der erforderlichen Daten festlegen

Zunächst muss entschieden werden, wie umfangreich eine Datensammlung beim Start und im Verlaufe des Prozesses sein soll, ob beispielsweise eine regelmäßige Berichterstattung zu ausgewählten Indikatoren etabliert werden soll (vgl. Erläuterungen zu Kinderberichterstattung S. 98 ff.) und welche der benannten Bereiche dabei berücksichtigt werden sollen. Die Datensammlung kann durch die Netzwerker gegebenenfalls in Eigenregie erfolgen, wenn die Anzahl und Zugänglichkeit der ausgewählten Indikatoren dies erlaubt. Sobald die Liste der Indikatoren umfassender wird, eine regelmäßige Kinder- oder Familienberichterstattung angestrebt wird oder auch Informationen beschafft werden sollen, die umfangreichere Recherchen voraussetzen, kann es erforderlich werden, hierfür spezielle Ressourcen bereitzustellen und ggf. Dritte mit Recherche und Datensammlung zu beauftragen. Im Falle der regelmäßigen Berichterstattung kann zudem eine wissenschaftliche Beratung hilfreich sein.

Bedarfsermittlung und Evaluation ermöglichen

Anhand der Beschreibung der Ausgangslage können sich die Akteure ein Bild von den Bedürfnissen der Kinder und ihrer Familien in der Kommune machen, d.h. die Bereiche identifizieren, in denen das zu entwickelnde Netzwerk mittels Maßnahmen einen Beitrag zur verbesserten Förderung von Kindern leisten soll. Zum anderen können sie – sofern Daten wiederholt erhoben werden – überprüfen, ob die umgesetzten Maßnahmen die angestrebten Ziele tatsächlich erreichen (vgl. auch Kapitel 4.4 zur Evaluation). Auf der Grundlage der ermittelten Daten und Informationen können die Akteure –

nicht nur zu Beginn des Prozesses, auch in seinem Verlauf – abgesicherte Entscheidungen zur Steuerung des Netzwerks treffen. Dabei legen sie die Schwerpunkte und das Hauptaugenmerk auf die Bereiche, bei denen der dringlichste Handlungsbedarf besteht und bei denen Veränderungen machbar erscheinen.

Soll bei der Datensammlung ressourcenschonend vorgegangen werden, gilt insgesamt der Grundsatz, dass Daten und Informationen genutzt werden, die in der Verwaltung oder an anderer Stelle bereits vorliegen, bevor ggf. eigene Daten erhoben werden, um mögliche Lücken zu füllen. So kann eine Nachfrage bei den folgenden Personen und Einrichtungen nach vorliegenden administrativen bzw. statistischen Daten hilfreich sein:

Nutzung vorhandener Datenquellen

- zuständige Personen in der Verwaltung der Kommune und/oder des Kreises für Einwohnerstatistiken, Jugendhilfeplanung, Schulentwicklungsplanung, ggf. Raum- und Gebietsentwicklungsplanung, Verkehrsentwicklungsplanung und – sofern vorhanden – Stadtentwicklungsplanung
- für Statistik bzw. strategische Planung zuständige Personen in Verbänden bzw. größeren Unternehmen/Organisationen der Region
- Statistische Landesämter sowie Statistisches Bundesamt

Linküberblick auf www.statistik-portal.de/statistik-portal/Links UebersichtAsp. Siehe auch www. wegweiser-kommune.de

Ergänzend zu den statistischen und administrativen Daten – also solchen, die allgemein als »objektiv« bezeichnet werden – sollten möglichst auch »subjektive« Daten, also Aussagen der Familien und Kinder selbst mit deren Perspektiven und Bedürfnissen, berücksichtigt werden. Dies macht eine eigene Datenerhebung erforderlich. Selbstverständlich ist auch hierbei der Nutzen (eine bessere Informiertheit bei der Planung von Maßnahmen) dem Aufwand einer Datenerhebung gegenüberzustellen (bzw. den Kosten, sofern eine Befragung oder Recherche an Dritte beauftragt wird). Im Kapitel 4.4 zur Evaluation finden sich grundlegende Hinweise, wie Daten gesammelt und Erhebungen fokussiert werden können.

»Objektiven« Daten »subjektive« gegenüberstellen

Beispiel aus »Kind & Ko«

Zur Ergänzung von administrativen und statistischen Daten wurden in den »Kind & Ko«-Modellkommunen mehrere eigene Recherchen und Datenerhebungen durchgeführt:
- Telefonische Befragung von Eltern beider Modellkommunen zum Übergang Kita/Grundschule (Wie wurde der Übergang des eigenen Kindes erlebt, welche Vorbereitungs- und Unterstützungsangebote gab es und wurden diese genutzt?).

- Postalische Befragung von Eltern zu Betreuung und Bildung von Kindern in der Kommune (Nutzung und Beurteilung von Betreuungs- und Bildungsangeboten, Informationsquellen der Eltern, Verbesserungsmöglichkeiten etc.).
- Recherche zu vorhandenen Angeboten und Kooperationsstrukturen rund um die Geburt (telefonische Interviews mit zentralen Akteuren und Einrichtungsvertretenden sowie Dokumentenanalyse).

Strukturlandkarte
bildet Netzwerk ab

Um sich einen Überblick über den Vernetzungsstand unter den kommunalen Akteuren zu verschaffen, ist eine Strukturlandkarte hilfreich, in der die wichtigen Akteure in der Kommune (Personen und/oder Institutionen) und ihre Verbindungen zueinander bildlich dargestellt sind. Sofern bereits vor Prozessstart eine Stakeholder-Analyse durchgeführt wurde (vgl. Kapitel 2.2), kann darauf zurückgegriffen werden. Ansonsten kann eine Übersicht der Akteure in einer gemeinsamen Sitzung mit ausgewählten Schlüsselpersonen erstellt werden. Die Strukturlandkarte ist bei der Prozessplanung hilfreich. Sie offenbart sowohl Bereiche, in denen die Vernetzung intensiviert werden muss, als auch Bereiche, die bereits ausreichend viele Netzwerkkontakte aufweisen. Wenn die Strukturlandkarte später aktualisiert wird, lassen sich im Vergleich die Erfolge der Vernetzungsbemühungen ablesen. Weitere Erläuterungen zum Instrument Strukturlandkarte finden sich in einem entsprechenden Dokument auf der CD-ROM.

Vgl. »Struktur-
Landkarte.pdf«

Etablierung einer regelmäßigen Kinder- und Familienberichterstattung

Optimale Basis: Regel-
mäßige Berichte und
Datenerhebungen

Wenn es gelingt, in der Kommune eine regelmäßige Berichterstattung über die Situation der Kinder und Familien zu etablieren, bietet diese die verlässlichste Basis für die Arbeit des kommunalen Netzwerks für Kinder. Hierfür gilt es – am besten mit wissenschaftlicher Begleitung – ein fundiertes Konzept zu entwickeln, das die für die Kommune relevanten Indikatoren identifiziert. Zweites Standbein sind die kommunalen Akteure und Institutionen, die in Form von Daten einen Beitrag zur Berichterstattung leisten können.

Zur Ermittlung der Lebenslage und Bildung von Kindern in einer Kommune sollten vielfältige Indikatoren erfasst werden. Hier einige ausgewählte Beispiele von Indikatoren:

Tabelle 2: Beispiele möglicher Indikatoren für die Kinder-/Familienberichterstattung

Indikator	Ausprägungen	Wo sind Daten ggf. erfasst?
Bereich Demographie		
Bevölkerungsbestand: Individuen 0 bis 8 Jahre	• Alter • Geschlecht • Religionszugehörigkeit • Nationalität/Aussiedler	Stadtverwaltung: Einwohner- und Standesamt
Bereich finanzielle Situation		
Anteil minderjähriger Empfangender von ALG I/von ALG II/ von Grundsicherung	• Alter der Kinder und anderer Personen im Haushalt • Anzahl der Personen im Haushalt • Geschlecht • Behinderung • Religionszugehörigkeit • Nationalität/Aussiedler	Agentur für Arbeit Sozialamt
Bereich Gesundheit		
Gesundheitsinfrastruktur	Ärztliche Versorgung: Kinderärzte • Je Kind • Je Einwohner	Kassenärztliche Vereinigung
Säuglingssterblichkeit	• Geschlecht • Behinderung • Religionszugehörigkeit • Nationalität/Aussiedler	Stadtverwaltung
Bereich Wohnen		
Kinder in Wohneigentum		Steueramt
Wohnungsdichte	• Wohnungen pro Fläche • Größe der Wohnungen/Raumanzahl	Liegenschaftsamt
Bereich Bildung		
Einrichtungen der Kinder- und Jugendhilfe	• Einrichtungen • Plätze (für Kinder 0–2, 3–6, 7–8 Jahre) • Personalanzahl und -qualifikation	Jugendamt
Erziehungsberatungsstellen	• Einrichtungen (alle Träger) • Beratungsfälle pro Jahr	Jugendamt

Entsprechende Expertise findet sich z. B. beim Institut für Wirtschaftslehre des Haushalts und Verbrauchsforschung der Universität Gießen, Lehrstuhl Prof. Uta Meier-Gräwe, http://wi.uni-giessen.de/wps/fb09/home/wdh/ (Stand 25.9.2007), oder beim Zentrum für interdisziplinäre Ruhrgebietsforschung (ZEFIR), www.ruhr-uni-bochum.de/zefir/sb/ (Stand 25.9.2007)

Häufig wird es nicht möglich sein, alle gewünschten Daten zusammenzutragen. Jede Kommune sollte zunächst prüfen, welche Daten bereits vorhanden sind. Möglicherweise gelingt es im Verlaufe des Prozesses, Indikatoren und Datensammlung zu erweitern. Es empfiehlt sich auf jeden Fall, möglichst viele Aspekte zu berücksichtigen. Lebenslagen beinhalten viele unterschied-

Lebenslagen beinhalten viele unterschiedliche Dimensionen

liche Dimensionen wie zum Beispiel Gesundheit, Wohnen oder sozio-ökono-
mischer Status. Die alleinige Betrachtung von »frühkindlicher Bildung« reicht
nicht aus. Die Berichterstattung sollte handlungsrelevante und aktualisier-
bare Informationen enthalten und kontinuierlich fortschreibbar sein. Zudem
sollte sie eine kleinräumige Erfassung zulassen, da es zwischen den Sozial-
räumen einer Kommune große Unterschiede in Lebenslage und Bildung von
Kindern und Familien geben kann.

Neues Instrument: Kommunale Kinder-berichterstattung

Beispiel aus »Kind & Ko«

In Paderborn gelang es im Rahmen von »Kind & Ko«, in Zusammenarbeit mit Fach-
wissenschaftlern der Universität Gießen ein Konzept für eine Kinderberichterstattung
zu entwickeln und erstmals 2007 einen Bericht vorzulegen, der relevante Daten aus
verschiedenen Quellen vereint, einen Gesamtzusammenhang herstellt und Empfehlungen für die Kommune ableitet. In der Verwaltung vorhandene, aber bisher nicht
genutzte Daten zur Lebenslage und Bildung von Kindern wurden gesichtet, strukturiert und für eine systematische und kleinräumige Sozialberichterstattung zugäng-
lich gemacht. Die Datenlage wurde so erstmals im Überblick bewertbar; Lücken, die
zukünftig sukzessive geschlossen werden sollen, wurden identifiziert. Verschiedene
kommunale Beteiligte konnten für die Mitarbeit an dem Kinderbericht gewonnen
und teils verpflichtet werden, die Sammlung fehlender Daten zu initiieren.

Gemeinsam mit den Paderborner Akteuren wurde zunächst eine Liste von Indikatoren zusammengestellt. Daraus wurden diejenigen Indikatoren ausgewählt,
zu denen Daten gesammelt werden sollten und konnten. Die Daten wurden ausgewertet und zu einem Bericht mit Handlungsempfehlungen an die lokalen Akteure zusammengestellt (Kinderbericht auf der CD-ROM). Dieser Bericht wurde in
der Kommune vorgestellt und diskutiert. Die externen Kooperationspartner entwickelten zudem einen Leitfaden für die Erweiterung der Datensammlung und die
kontinuierliche Weiterführung der Berichterstattung. Der Leitfaden enthält u. a. Inter-
pretationshilfen für die ausgewählten Indikatoren.

Vgl. »Kinderbericht-Paderborn.pdf«

Interpretation der gewonnenen Daten und Informationen

Daten interpretieren und diskutieren

Die über den Status quo in der Kommune gesammelten Daten und Informationen allein sagen noch nicht viel über die Bedürfnisse der Kinder und ihrer
Familien aus. Nun müssen die Befunde mit Vertretern der Fachebene in
ihrem jeweiligen Gebiet diskutiert und interpretiert werden. Die Akteure des
Netzwerks identifizieren gemeinsam, wo die Schwerpunkte liegen, die im Ver-

netzungsprojekt bearbeitet werden sollen. Ideal wäre eine Bewertung im Vergleich mit Daten aus anderen Kommunen. Aber das ist bisher noch Zukunftsmusik, denn es würde voraussetzen, dass dort Datenerhebungen mit gleichen Indikatoren und Zeitreihen durchgeführt worden sind.

Schwerpunktsetzung

Nach der Ermittlung der Ausgangslage gilt es, die Schwerpunktthemen im Netzwerk für eine Verbesserung der frühkindlichen Bildungs- und Entwicklungschancen festzulegen. Die Akteure wählen diejenigen Schwerpunktthemen aus, bei denen zum einen Verbesserungen besonders notwendig und zum anderen auch realistisch erscheinen.

Die Schwerpunktthemen werden in Arbeitsgruppen bearbeitet. Sie sind langfristig angelegt, können aber natürlich modifiziert oder abgebrochen werden, wenn die Weiterverfolgung eines Schwerpunktes nicht weiter möglich oder sinnvoll erscheint. Dies kann beispielsweise der Fall sein, wenn sich die Bedarfslage innerhalb des Schwerpunktthemas verändert (z. B. aufgrund einer verbesserten Versorgung mit Kita-Plätzen) oder sich die Zusammensetzung der Netzwerkakteure verändert hat (z. B. weil neue Berufsgruppen hinzukommen oder sich aus dem Netzwerk zurückziehen).

Schwerpunktthemen festlegen

Vom Impulsprojekt zur gesamtkommunalen Perspektive

Beispiel aus »Kind & Ko«

In den »Kind & Ko«-Modellkommunen gab es die drei thematischen Schwerpunkte »Rund um die Geburt«, »Kind und Familie im Zentrum« und »Übergang Kita/Grundschule«, für die jeweils Arbeitsgruppen eingerichtet wurden. Neben Daten aus Statistik, Befragungen und Recherchen (vgl. oben) wurde eine weitere Methode herangezogen, um zu einer Entscheidung im Hinblick auf die Schwerpunkte zu kommen: Es wurde eine Projektausschreibung vorgenommen, um sichtbar zu machen, in welchen Bereichen lokale Beteiligte besonders handlungsbereit, motiviert und fachlich kompetent sind. Die eingereichten Projektvorschläge gaben außerdem einen Einblick, welche Art von Maßnahmen die Akteure vor Ort für besonders sinnvoll und notwendig erachteten. Es konnten nur solche Projekte eingereicht werden, die durch mindestens zwei Kooperationspartner umgesetzt werden sollten. Die Akteure wurden angeregt, dafür bestehende Kooperationen zu nutzen bzw. neue aufzubauen. Die daraus hervorgegangenen Impulsprojekte waren erste »Inseln«, auf denen einzelne Einrichtungen, Kitas, Grundschulen oder auch Beratungsstellen neue Wege der Zusammenarbeit erproben konnten. Um alle Akteure zusammenzubringen, die kleinen Inseln damit aufzubrechen und eine gesamtkommunale Perspektive zu ermöglichen, wurden die Verantwortlichen der mittlerweile bewilligten Impulsprojekte (neben weiteren interessierten Personen) zur Mitarbeit an den neu gegründeten Arbeitsgruppen eingeladen. Dabei wurden die Projekte zusammengefasst, die sich thematisch einem Themenbereich zuordnen ließen, und daraus die Schwerpunkte der kommunalen Arbeit gebildet. Insgesamt beteiligten sich an den Arbeitsgruppen zwischen 20 und 40 kommunale Akteure. Ihre professionelle Rolle sowie die bereits durch den Projektantrag unter Beweis gestellte Motivation zur aktiven Mitarbeit bei der Vernetzung qualifizierte sie, nun auch Maßnahmen mit gesamtkommunaler Perspektive zu initiieren.

Zielformulierung

Bei der Zielformulierung kontextuelle Rahmenbedingungen berücksichtigen

Zu den ausgewählten Schwerpunktthemen werden nun Ziele formuliert. Zunächst legen die Mitglieder der Arbeitsgruppen fest, welche Zielgruppen angesprochen werden sollen (Kinder, Eltern, Multiplikatoren wie pädagogische Fachkräfte etc.). Die Ziele selbst müssen die Frage beantworten, was bei den Zielgruppen erreicht werden soll. Neben dem Leitbild, den in der Kommune festgestellten Bedürfnislagen und den daraufhin ausgewählten Schwerpunktthemen sind bei der Zielformulierung gegebenenfalls auch kontextuelle Rahmenbedingungen außerhalb der Kommune zu beachten. Dazu gehören zum Beispiel das Landesrecht oder Landesprogramme, mit denen die kommunalen Ziele vereinbar sein müssen. Daher empfiehlt es sich eine entsprechende Recherche durchzuführen.

Ziele sollten positiv formuliert sein

Ziele sollten positiv und in einem ganzen Satz formuliert sein. Um sicherzustellen, dass die erwünschten Veränderungen für die Zielgruppen (beispielsweise Kinder, Eltern oder pädagogische Fachkräfte) nicht aus dem Blick geraten, kann die Zielformulierung mit der Nennung der Zielgruppe beginnen. Von Formulierungen, die beschreiben, was die Akteure und insbesondere Maßnahmeverantwortliche selbst tun oder entwickelt haben (beispielsweise »Es gibt ein Konzept zu ...« oder »Wir bauen eine Beratungsstelle auf ...«), sollte abgesehen werden. Solche Aussagen über die Art und Weise, wie die erwünschten Veränderungen bei den Zielgruppen erreicht werden sollen und welche »Produkte« (im weitesten Sinne) dazu entwickelt werden, gehören in die Maßnahmeplanung.

Tabelle 3 gibt ein Beispiel für ein mögliches Produkt einer partizipativen Zielklärung. Sie zeigt einen Ausschnitt aus den Handlungsempfehlungen der Paderborner Arbeitsgruppe »Rund um die Geburt«.

Tabelle 3: Beispiel für Ziele, Teilziele und Maßnahmen aus Handlungs-empfehlungen der Arbeitsgruppe »Rund um die Geburt« in Paderborn

Ziele	Teilziele (Ausschnitt)	Vorgeschlagene Maßnahmen (Ausschnitt)
Die Einrichtungen und Dienste der Bereiche Gesundheit, Bildung und Soziales verbessern ihre Zusammenarbeit und Informationsvermittlung gegenüber werdenden und jungen Eltern durch Verständigung auf eine gemeinsame Sichtweise. Langfristige Kooperationsstrukturen zwischen relevanten Berufsgruppen und Einrichtungen werden aufgebaut.	Werdende und junge Eltern erhalten umfassende Informationen über alle Angebote der Gesundheitsversorgung, Bildung, Betreuung, Beratung und Freizeit zum Thema »Rund um die Geburt« in Paderborn.	Konzipierung und Erstellung einer Broschüre/eines Elternbegleitbuches (auch zur Nutzung durch ehrenamtliche Familienbegleiter).
Alle werdenden Eltern und Eltern mit 0- bis 3-jährigen Kindern werden durch eine persönliche Ansprache über die Bildungs-, Betreuungs- und Fördermöglichkeiten für Kinder und Eltern in Paderborn informiert, bei der Ausbildung eines sozialen Netzes unterstützt und mit Blick auf die Entwicklungsförderung des Kindes in bestehende Angebote weitervermittelt.	Relevante Berufsgruppen stimmen ihre Zusammenarbeit bei der Beratung und Unterstützung von werdenden und jungen Eltern in der Phase rund um die Geburt ab.	Konzeption und Durchführung einer Seminarreihe »Vernetzung und Kooperation der Berufsgruppen rund um die Geburt«.
	Schwangere Frauen und junge Mütter/Familien mit materiellen und psychosozialen Belastungen werden nach Absprache/Bedarf von einer Familienhebamme zu Hause aufgesucht und unterstützt.	Fortführung und Ausweitung des bestehenden Familienhebammenzirkels.
		Freiberufliche Hebammen in Paderborn werden zu Familienhebammen fortgebildet.
		Einsatz der Familienhebammen in Zusammenarbeit mit dem Jugendamt, Supervision.

Methoden zur Entwicklung konkreter Handlungsempfehlungen behandelt Kapitel 3.4.

Wie gelingt eine partizipative Leitbild- und Zielentwicklung?

Wie bereits erwähnt, sollte die Formulierung des Leitbilds und der Ziele partizipativ erfolgen. Die Einbindung von Verwaltung und Politik, Trägern, Fachpersonen, Eltern und anderen Bürgern bietet die einmalige Möglichkeit, die zahlreichen Fachkenntnisse und unterschiedlichen Perspektiven direkt für das Vernetzungsvorhaben nutzbar zu machen. Jedoch ist das partizipative Vorgehen zeitaufwändig und erscheint besonders bei einer größeren Anzahl von Beteiligten als Herausforderung. Es gibt glücklicherweise bereits erprobte Methoden, die sich in diesem Kontext nutzen lassen, wie beispielsweise die Zukunftskonferenz, die Zukunftswerkstatt oder auch andere Methoden, zu denen sich viele hilfreiche Beschreibungen im Internet finden. Einige Beispiele für solche Leitfäden haben wir zusammengestellt (siehe Liste der Quellen S. 105).

Alle Akteure in die Zielformulierung einbeziehen

103

Vgl. www.ettlingen.de/
servlet/PB/menu/
1242538_l1/index.html
(Stand 25.9.2007)

Ein Beispiel, das jedoch nicht konkret auf den Bereich der frühkindlichen Bildung bezogen ist: Die Kommune Ettlingen dokumentiert den partizipativen Prozess ihrer Leitbildentwicklung (in dem u. a. Zukunftskonferenzen durchgeführt wurden) auf ihrer Homepage.

Im Rahmen von »Kind & Ko« in Chemnitz wurde ebenfalls die Methode Zukunftskonferenz genutzt, um Ziele zu formulieren und in eine erste Planung einzusteigen. Das Beispiel zeigt im Kleinen, wie man von der Leitbildentwicklung über Bedarfsermittlung zur Zielformulierung kommen kann.

Vgl. »Dokumentation
Zukunftskonferenz
Chemnitz.pdf« und
»Methode Zukunfts-
konferenz.pdf«

Beispiel aus »Kind & Ko«

Um Ziele für die Kommune zu formulieren und einen Startschuss für den Vernetzungsprozess zu geben, wurde in Chemnitz unter Mithilfe von externen Moderatoren im Mai 2005 eine eintägige Zukunftskonferenz mit rund 60 Mitgliedern des Forums »Frühkindliche Bildung« durchgeführt. Dabei sammelten die Teilnehmer in wechselnden Gruppen zunächst vorhandene Ressourcen (»Perlen«) und Hindernisse (»Klötze«) im Hinblick auf die frühkindliche Bildung in ihrer Kommune sowie wichtige Signale und Botschaften, die von kommunalen Beteiligten (Eltern, Mitarbeitende pädagogischer Einrichtungen, Politik etc.) an sie herangetragen worden waren.

Aufbauend auf dieser gemeinsam formulierten Ausgangslage entwickelten die Teilnehmer aus Politik und Verwaltung eine gemeinsame Vision, was nach fünf Jahren in Chemnitz erreicht sein würde. Politik und Verwaltung versetzten sich hierzu in das Jahr 2010, in dem der Stadt Chemnitz die Auszeichnung »Innovation und frühkindliche Bildung« verliehen werden soll. Aus welchen Gründen hatte die Stadt diese Auszeichnung verdient? Indem sie sich diese Frage beantworten mussten, wurden die Teilnehmer angeregt, sich die neu geschaffene und verbesserte Situation für Familien und Kinder in ihrer Stadt bildhaft vor Augen zu führen. Die Teilnehmer überlegten zudem, was genau dazu beigetragen hatte, diese Verbesserungen zu erreichen, welche Kooperationen beispielsweise entstanden waren, welche unerwartete Unterstützung gewonnen werden konnte und welche wichtigen Entscheidungen zum Gelingen beigetragen hatten. Indem der Erfolg des Vorhabens vorweggenommen wurde, gelang es, eine Fokussierung der Teilnehmer auf unüberwindbare Hürden und mögliche Probleme zu vermeiden und den Blick auf gangbare und erfolgversprechende Wege zu richten.

Die gesammelten Ideen aus den Zukunftsentwürfen der Teilnehmer wurden priorisiert, mögliche Ziele von »Kind & Ko« in Chemnitz identifiziert und daraus konkrete Vorhaben abgeleitet. Die Gruppen, die sich zu deren Umsetzung zusammenfanden, erarbeiteten im Anschluss an die Zukunftskonferenz konkrete Projektanträge mit detaillierten Maßnahme- und Kostenplänen, die dem Steuerungsgremium vorgelegt wurden. Dieses entschied, welche Projekte mit finanzieller Unterstützung der Bertelsmann Stiftung umgesetzt werden sollten (vgl. Kapitel 2.3 zu den Impulsprojekten in den Modellkommunen).

Hinweise auf hilfreiche Materialien, die im Internet verfügbar sind

Es finden sich online einige kostenfrei verfügbare Handreichungen zu partizipativen Methoden. Hier eine kleine Zusammenstellung (alle Links Stand 27.8.2007):

- Unter dem Menüpunkt »Visionen entwickeln – Zukunft gestalten« schlägt der Wegweiser Bürgergesellschaft der deutschen Stiftung Mitarbeit einige nutzbare Methoden vor: http://buergergesellschaft.de/103414/Weitere, bei anderen Aufgaben im Prozessverlauf nutzbare Methoden finden sich unter den übrigen Menüpunkten links auf der Seite.
- Das österreichische Projekt »Partizipation und nachhaltige Entwicklung in Europa« stellt auf seiner Website Methoden vor, gibt Anregungen zu ihren Einsatzgebieten und ergänzt Praxisbeispiele: www.partizipation.at/methoden.html.
- Kurzbeschreibung der Methode Zukunftswerkstatt (Menüpunkt Konzept und Methode): www.zukunftswerkstaetten-verein.de/.
- Aufgrund der verbreiteten Nutzung partizipativer Methoden in der Entwicklungszusammenarbeit finden sich im Netz viele Leitfäden mit Methodenbeschreibungen aus diesem Kontext, beispielsweise das Dokument »Partizipation und partizipative Methoden in der Arbeit des DED«: www.ded.de/cipp/ded/lib/all/lob/return_download,ticket,g_u_e_s_t/bid,2736/no_mime_type,0/~/DEDexpert_Partizipation_und_partizipative_Methoden_in_der_Arbeit_des_DED.pdf.
- Aber auch in der Technikfolgenabschätzung finden die Methoden zunehmend Anwendung. Eine wertvolle Ressource (allerdings in englischer Sprache) ist das kontextunabhängige »Participatory Methods Toolkit« des flämischen Instituts für Technikfolgenabschätzung viWTA. Herunterladbar und kostenfrei bestellbar unter www.viwta.be/files/handboek.pdf.
- Das deutsche TA-Net NRW beschreibt seinerseits Methoden, u. a. die Konsensus-Konferenz: www.ta-net-nrw.de/161.html.
- Eine praxisnahe und online verfügbare Ressource zum Thema Ziele ist das Heft »Zielfindung und Zielklärung – ein Leitfaden« (Beywl und Schepp-Winter 1999), dem umfangreiche Anleitungen und Tipps zur Zielformu-

lierung zu entnehmen sind: www.univation.org/download/QS_21.pdf (Stand 27.8.2007).

Literatur zu Kapitel 3.2

Leitbild der Schulstadt Dortmund. 2007. http://schulverwaltungsamt.dortmund. de/upload/binarydata_do4ud4cms/91/21/12/00/00/00/122191/leitbild.pdf (Stand 25.9.2007).

3.3 Aufgabe und Funktion von kommunalen Handlungsempfehlungen

Zusammenarbeit aller Ebenen für gemeinsame Ziele

Leitbildentwicklung, Bedarfsanalyse und Zielformulierung, so wie wir sie beschrieben haben, stellen einen »Idealfall« dar. In der Praxis läuft der Prozess in jeder Kommune immer wieder anders ab, je nach den örtlichen Gegebenheiten sowie den Vorstellungen und Prioritäten der Akteure. Wichtig ist es, eine Vision, die wichtigsten Ziele und die einzelnen Schritte der Gesamtstrategie immer im Auge zu behalten. Denn genau darum geht es ja hier: nicht spontan, sondern nach einem Plan zu handeln und schließlich dem Ergebnis, das man angestrebt hat, möglichst nahe zu kommen. Dieses Kapitel beschreibt, wie aus Zielen Handlungsempfehlungen für die Verbesserung der frühen Bildung in der Kommune abgeleitet werden. Es wird erklärt, was Handlungsempfehlungen sind, woran sie sich orientieren, wie sie entwickelt werden und worauf dabei zu achten ist.

Was sind kommunale Handlungsempfehlungen?

Die Entwicklung von Zielen und Leitbildern allein führt in der Regel nicht zu konkreten Veränderungen in der Praxis. In vielen Kommunen stellen die Vertreter aus unterschiedlichen Berufen und Einrichtungen sowie aus der Elternschaft fest, dass die von ihnen in den Arbeitsgruppen gemeinsam vereinbarten Ziele und Leitbilder noch nicht zu politischen Entscheidungen, geschweige denn zu konkreten Maßnahmen zum Erreichen der angestrebten Ziele geführt haben. Nicht selten führt dies zu Frustrationen und Enttäuschungen, zumal sie viel Zeit und Engagement in die Arbeitsgruppen investiert haben. Nun müssen sie feststellen, dass daraus keine spürbaren Verbesserungen bzw. Veränderungen resultieren. Es stellt sich also die Frage, wie

Ziele und Leitbilder allein führen nicht zu Veränderungen

sich aus Zielvorgaben und Leitbildern konkrete Handlungsempfehlungen für praxisverändernde Maßnahmen ableiten bzw. entwickeln lassen.

Bedeutung kommunaler Handlungsempfehlungen

Handlungsempfehlungen sind das zentrale Instrument zur Wahrnehmung und Umsetzung gesamtkommunaler Verantwortung. Ihre Entwicklung ist nach der Bedarfsermittlung (Ermittlung des Ist-Zustands) und der daraus resultierenden Ziel- und Leitbildentwicklung (Beschreibung des Soll-Zustands) der konsequente nächste Schritt. Handlungsempfehlungen führen – wenn sie denn umgesetzt werden sollen – zu konkreten Maßnahmen im Hinblick auf das Ziel, die Bildungs- und Entwicklungschancen von Kindern in der Kommune zu verbessern. Sie werden von allen im kommunalen Netzwerk beteiligten Akteuren, d.h. den Vertretern der Arbeitsgruppen, des Forums und des Steuerungsgremiums, gemeinsam entwickelt und umgesetzt (vgl. Kapitel 2.2). Die Entwicklung erfolgt in mehreren Phasen in jeweils unterschiedlicher Zusammensetzung und wird von dem Netzwerker unterstützt, der die Gespräche steuert und zwischen den verschiedenen Interessen der Beteiligten vermittelt.

Verwendung des Begriffs »Handlungsempfehlungen«

Der Begriff »Handlungsempfehlung« ist nicht eindeutig definiert. Er findet in der Politikberatung häufig Anwendung, insbesondere wenn es darum geht, eine Grundlage für politische Entscheidungen zu bilden. Sinnvoll ist, dass sich die Akteure vorab auf einen gemeinsamen Begriff einigen, damit bei der Entwicklung der Handlungsempfehlungen keine Missverständnisse über seine Bedeutung und Verwendung entstehen. Die Praxis zeigt, dass Inhalt und Bedeutung von »Handlungsempfehlungen« zwischen den beteiligten Gruppen immer wieder abgestimmt werden müssen, ebenso, wie sie formuliert sein sollten, auf welchen Zeitraum sie sich beziehen, welche Ziele sie konkret verfolgen.

Definition kommunaler Handlungsempfehlungen

Für kommunale Handlungsempfehlungen gibt es keine übergeordnete, auf alle Kommunen übertragbare Standarddefinition, sie orientieren sich an der Ausgangslage und den Rahmenbedingungen vor Ort. Exemplarisch wird folgende Definition vorgeschlagen:

Kommunale Handlungsempfehlungen

- sind konkrete Maßnahmen zur Veränderung der Angebotsstruktur
- beinhalten konkrete Vorschläge für praxisverändernde Maßnahmen im frühkindlichen Bildungsbereich auf kommunaler Ebene (z.B. die Einführung eines Beobachtungs- und Dokumentationsverfahrens in Kindertageseinrichtungen)
- zielen auch auf eine Veränderung bzw. Neuentwicklung kommunaler Strukturen ab (z.B. in Paderborn: Einrichtung einer »ehrenamtlichen Familienbegleitung«)

- nennen genaue Ziele, Teilziele und Maßnahmen
- werden in einem partizipativen Prozess von unterschiedlichen Akteuren in der Kommune entwickelt
- haben zum Ziel, dass sie nach Beschluss durch ein politisches Gremium in der Kommune umgesetzt werden.

Woran orientieren sich Handlungsempfehlungen?

In die Entwicklung von Handlungsempfehlungen werden alle im kommunalen Netzwerk beteiligten Akteure einbezogen. Sie orientieren sich unmittelbar an dem zuvor ermittelten Bedarf an frühkindlichen Bildungsangeboten in der Kommune. So wird vermieden, dass kommunalpolitische Entscheidungen – wie leider häufig der Fall – am Bedarf vorbeizielen, weil sie ohne genaue Kenntnis der Erfordernisse von Familien und ihren Kindern getroffen wurden und deshalb nicht zum gewünschten Erfolg führen können.

Gemeinsames Vorgehen und Bedarfsorientierung tragen außerdem wesentlich dazu bei, gezielt Vorschläge für konkrete Maßnahmen in den politischen Entscheidungsprozess zu tragen, insbesondere angesichts

- fehlender Angebote für Kinder und Familien: beispielsweise für Eltern neu geborener Kinder. Häufig fehlen für Familien mit einem Neugeborenen niedrigschwellige Beratungs- und Begleitungsangebote, z. B. durch Familienhebammen;
- mangelnder gemeinsamer Qualifikation des für kindliche Bildung zuständigen Fachpersonals: Hier geht es beispielsweise um die Fachkompetenz für den Einsatz neuer Methoden wie zum Beispiel Beobachtungs- und Dokumentationsverfahren oder institutionenübergreifende Kooperationen, beispielsweise, um Kindern einen reibungslosen Übergang von der Kita in die Grundschule zu ermöglichen;
- häufiger »Parallelstrukturen«: resultierend daraus, dass in zahlreichen Kommunen viele engagierte Akteure jeder für sich vielversprechende Projekte konzipieren und vorantreiben, die jedoch nebeneinander laufen und nicht abgestimmt sind. Dies führt zu Angeboten, die sich inhaltlich und konzeptionell ähneln und auf dieselbe Zielgruppe ausgerichtet sind. Die in der Kommune vorhandenen Ressourcen und Initiativen werden auf diese Weise nicht effizient genutzt. Wenn die Akteure jedoch in Netzwerken kooperieren, können sie die vorhandenen Ressourcen bündeln und effizient nutzen;

Erfordernis bedarfsgerechter Kooperationen und Angebote

- widersprüchlicher Handlungsstrategien in kommunalen Bildungseinrichtungen: zum Beispiel, wenn die Kita stärkenorientierte Beobachtungs- und Dokumentationsverfahren einsetzt, die über einen langen Zeitraum die Entwicklung des Kindes aufzeigen, die Grundschule hingegen bei den Schuleingangsuntersuchungen Testverfahren zur Aufdeckung von Defiziten vorzieht.

Praxisbeispiel aus »Kind & Ko«

Häufig ist in Kommunen zu beobachten, dass mehrere Träger gleichzeitig für Eltern von Neugeborenen Kurse, Seminare oder Informationsveranstaltungen beispielsweise zur »Babyernährung und -pflege« anbieten. Diese Veranstaltungen sind in der Regel sehr informativ, aber auch gebührenpflichtig und durch eine Geh-Struktur gekennzeichnet. Mit anderen Worten: Sie haben im Endeffekt allesamt die gleiche Zielgruppe im Visier, nämlich Eltern aus der mittleren bzw. gehobenen sozialen Schicht, die selbstständig die Initiative ergreifen, Beratung einholen und sich diese etwas kosten lassen. Diese Eltern nehmen solche Informationsangebote gerne in Anspruch. Da jedoch die verschiedenen Träger in der Kommune eine Vielzahl solcher Veranstaltungen zum gleichen Thema anbieten, sind nicht alle Kurse gut besucht. Familien aus unteren sozialen Schichten werden von diesen Angeboten nicht angesprochen oder können sich diese nicht leisten. Eine koordinierte Zusammenarbeit von kommunalen Einrichtungen und Trägern würde helfen, die Angebote auf den Bedarf von unterschiedlichen Zielgruppen abzustimmen, »doppelte« Angebote zu vermeiden und neue Angebotsstrukturen zu schaffen, die auch sozial benachteiligte Familien erreichen.

Wer entwickelt Handlungsempfehlungen?

Arbeitsgruppen gründen

Handlungsempfehlungen werden nicht von Einzelpersonen entwickelt, sondern von Arbeitsgruppen, in denen möglichst alle Akteure der kommunalen Fachebene sowie Eltern und andere Bürger vertreten sind. Sie setzen sich mit einem Schwerpunktthema – zum Beispiel »Übergang Kita-Schule« – auseinander und überlegen gemeinsam, welche Verbesserungen hier für die Bildungs- und Entwicklungschancen von Kindern in der Kommune wünschenswert sind.

Zusammenarbeit vieler Akteure der Fachebene

Die Erfolgsaussichten von Maßnahmen zu Verbesserungen im frühkindlichen Bereich sind umso höher, je mehr für dieses Thema relevante Akteure der Fachebene in den Arbeitsgruppen an der Entwicklung von Handlungsempfehlungen beteiligt sind: professionelle Akteure wie Hebammen, Kinderärztinnen und -ärzte, Erzieherinnen, Grundschullehrer, Sozialpädagogen, Vertreter von Erziehungsberatungsstellen und Familienbildungsstätten oder von Bibliotheken und anderen Institutionen, aber auch Eltern und Bürger. Es gilt, möglichst viele Schlüsselpersonen aus diesen Bereichen für eine Mitarbeit zu gewinnen. Je mehr dieser Akteure »an einem Tisch« sitzen, umso mehr Perspektiven auf die Lebenssituation der Kinder und Familien in der Kommune kommen bei der Entwicklung neuer Angebote und Strukturen zum Tragen.

Weil die Teilnehmer der Arbeitsgruppen aus unterschiedlichen Arbeitsbereichen kommen und einige von ihnen sich untereinander noch nicht kennen, ist es vor allem in der Anfangsphase wichtig, die Kommunikation sensibel zu steuern. Häufig muss erst einmal eine gemeinsame Sprache gefunden werden, die für alle verständlich ist. Die Teilnehmer sollten sich deshalb zunächst in Gruppen- und Einzelgesprächen über die jeweiligen Belange, Standpunkte und Interessen austauschen und nach dieser »Aufwärmphase« ein gemeinsames Verständnis über die Ziele der frühkindlichen Bildung in der Kommune entwickeln.

Eine »gemeinsame Sprache« finden

Neben der Fachebene und den Eltern/Bürgern ist auch die Leitungs- und Entscheidungsträgerebene der Kommune in die Entwicklung von Handlungsempfehlungen bzw. bedarfsgerechten Angeboten für Kinder und ihre Eltern einzubeziehen. Hier hat sich die Einbindung des Steuerungsgremiums bewährt, in dem kommunale Entscheidungsträger aus verschiedenen Bereichen vertreten sind (vgl. Kapitel 2.3). Das Steuerungsgremium sollte in einem ständigen Austausch mit den Vertretern der Fachebene stehen, die aufgrund ihrer beruflichen und persönlichen Erfahrung die Lebenssituation von Kindern und Familien in der Kommune sehr gut kennen und entsprechend praxisnahe Vorschläge und Ideen zur Verbesserung der frühkindlichen Bildung einbringen können.

Kommunale Entscheidungsträger einbeziehen

Die Einbeziehung der Eltern in die Arbeitsgruppen ist deshalb wichtig, weil sie letztlich darüber entscheiden, welche Bildungs- und Betreuungsangebote ihre Kinder in der Kommune wahrnehmen. Sie können aber auch dazu beitragen, Defizite zu benennen – in der frühkindlichen Bildung und Betreuung sowie in der Beratung, Begleitung und Unterstützung von Familien –, und Vorschläge machen, wo die Qualität vorhandener Angebote verbessert werden kann.

Eltern beteiligen und ebenenübergreifend zusammenarbeiten

Die Erfahrungen aus dem Projekt Kind & Ko bestätigen, dass der regelmäßige Austausch zwischen Kommunalpolitikern, Trägervertretern, Amtsleitungen und anderen kommunalen Entscheidungsträgern untereinander, aber auch mit den Vertretern der Fachebene sowie den Eltern unbedingt notwendig ist. Um bei der Entwicklung von kommunalspezifischen und konkreten Handlungsempfehlungen einen möglichst breiten Konsens zu erzielen, muss deshalb auch die ebenenübergreifende Zusammenarbeit mit den Institutionen in der Kommune sorgfältig gepflegt werden.

Worauf ist bei der Entwicklung von Handlungsempfehlungen zu achten?

Handlungsempfehlungen müssen sich als Beschlussvorlage eignen

»Struktur Handlungs-empfehlung.pdf«

Wie beschrieben werden Handlungsempfehlungen und Vorschläge für konkrete Maßnahmen in Arbeitsgruppen entwickelt. Die dort tätigen Vertreter der Fachebene jedoch sind mit kommunalpolitischen Entscheidungsfindungsprozessen und verwaltungstechnischen Gepflogenheiten in der Regel nicht vertraut. Deshalb empfiehlt es sich, dass sich die Akteure der Arbeits- und der Steuerungsgremien im Vorfeld über Aufbau, Inhalt und Struktur der kommunalen Handlungsempfehlungen verständigen. Beim Projekt »Kind & Ko« haben sich die Beteiligten für alle zu entwickelnden Handlungsempfehlungen auf folgende Grundstruktur geeinigt:

Struktur der Handlungsempfehlungen

- Angabe des Teilziels
- Beschreibung der empfohlenen Maßnahme:
  - Konzeption der Aufgabe
  - Inhalt
  - Zielgruppe
  - Beteiligte
  - externe Moderation, Fachberatung
  - Projektdauer
  - Ort
- Durchführung und Umsetzung
- Kostenplanung

Förderliche Faktoren für die Entwicklung von Handlungsempfehlungen

Folgende Faktoren fördern die Entwicklung kommunaler Handlungsempfehlungen in den Arbeitsgruppen:
- Ein externer Moderator steuert und begleitet die Gespräche; darüber hinaus bündelt er die Ideen der Teilnehmer und ordnet sie Themenbereichen zu.
- Es finden sich Personen, die sich für eine Idee begeistern und diese vorantreiben wollen.
- Es finden sich Personen, die bereit sind, für die Umsetzung einer empfohlenen Maßnahme Verantwortung zu übernehmen (der Netzwerker kann diese Aufgabe aus Kapazitätsgründen nicht übernehmen).

- Die Empfehlungen sind verbindlich formuliert, d.h., das Thema wird tatsächlich weiterverfolgt, die Aufgabenverteilung steht fest.
- Die Arbeitsgruppe erhält fachliche Inputs von außen, beispielsweise gute Beispiele von anderen Kommunen oder Ländern.

Folgende Faktoren können die Entwicklung kommunaler Handlungsempfehlungen in den Arbeitsgruppen behindern:

Hinderliche Faktoren für die Entwicklung von Handlungsempfehlungen

- Die Teilnehmer haben Schwierigkeiten, ein gemeinsames Verständnis von Kindern bzw. frühkindlicher Bildung aufzubauen.
- Es werden so viele Ideen vorgebracht, dass der Blick auf das Wesentliche verloren geht.
- Die Teilnehmer finden keinen »gemeinsamen Nenner« und sind nicht in der Lage, Konkurrenzdenken abzustreifen und zur Kooperation überzugehen. Das Klima ist von Eigeninteressen geprägt.
- Niemand ist bereit, im konkreten Fall Verantwortung zu übernehmen.
- Der Moderator ist nicht in der Lage, die Gespräche zu leiten und zu steuern.

Zitate einer Netzwerkerin

»Wenn ich die Arbeitsgruppen betrachte, haben die externen Moderatoren das Ganze neutral steuern können. Sie haben die Dinge immer wieder auf den Punkt gebracht und zusammengefasst. Viele Aufgaben des Netzwerkers konnte man auch auf den Moderator übertragen: herauskitzeln, wo wirklich der Schwerpunkt liegt, was die Akteure wollen und vor allem auch: Was können sie gemeinsam erreichen?«

»Förderlich waren dann auch letztendlich die Impulsprojekte, die quasi auf die Bereiche hingewiesen haben, wo es Probleme gab oder wo etwas verbessert werden müsste. Daraus sind dann weitere Ideen dafür entstanden, wie in diesem Bereich für die gesamte Kommune eine Verbesserung möglich ist.«

»Ein entscheidender Faktor sind die fachlichen Inputs von außen. Also das war ganz entscheidend, weil die Teilnehmer der Arbeitsgruppen teilweise nicht den Blick über ihre Kommune hinaus hatten. Nun aber erfuhren sie, dass es andernorts Familienzentren gibt, Familienhebammen oder Best-Practice-Beispiele, etwa im Bereich Übergang Kita-Schule. Diese fachlichen Inputs haben immer wieder neue Anregungen geboten, Ideen angestoßen oder Dinge, die bereits angedacht waren, bestätigt. Vor allem haben sie gezeigt, dass vieles möglich ist.«

113

3.4 Entwicklung konkreter Handlungsempfehlungen

Methoden für Arbeitsgruppen

Der Grundgedanke einer kommunalen Verantwortungsgemeinschaft für die Belange von Kindern und Familien ist maßgeblich für die Zusammenstellung der Arbeitsgruppen, die Handlungsempfehlungen entwickeln sollen. In diesem Textabschnitt geht es um die Frage, nach welchen Kriterien die Teilnehmer in diesen Gremien ausgewählt und zusammengestellt werden, welche Funktion Netzwerker und Moderatoren erfüllen und worauf bei der Zusammenarbeit in Arbeitsgruppen besonders zu achten ist. Auch hier sei vorangestellt, dass das Folgende nur als Orientierungshilfe zu verstehen ist, weil entscheidende Faktoren wie zum Beispiel die Zusammensetzung der Gremien, ihre Aufgaben und Ziele oder die Ausrichtung der Moderation von den spezifischen örtlichen Gegebenheiten abhängen.

Zusammensetzung der Arbeitsgruppen

Fachakteure und Eltern aus der Kommune

Die Arbeitsgruppen haben den Auftrag, Ideen und Vorschläge zur Verbesserung der frühkindlichen Bildung in der Kommune auszuarbeiten und der politischen Leitungs- und Entscheidungsebene vorzulegen, deren Mitglieder im Steuerungsgremium darüber beraten. Die Arbeitsgruppe schlägt konkrete Maßnahmen vor, die es in der Folgezeit gemeinsam mit den Steuerungsgremium und dem Forum (in dem alle mit Schwerpunktthemen zur frühkindlichen Bildung betrauten kommunalen Arbeitsgruppen und das Steuerungsgremium sowie weitere kommunale Fachakteure und Eltern/Bürger gemeinsam tagen) diskutiert und weiterentwickelt. Entsprechend sind in den Arbeitsgruppen keine Personen vertreten, die in der Kommune eine Leitungsfunktion bekleiden, sondern Eltern und Fachakteure, die berufsbedingt oder aus freiwilligem Engagement heraus in direktem Kontakt zu den Kindern und

114

Familien stehen, mit ihnen vor Ort arbeiten und so ihre Lebens- und Bildungssituation unmittelbar miterleben.

Die Recherche und Auswahl der Arbeitsgruppenteilnehmer orientiert sich an den kommunalspezifischen Gegebenheiten und Besonderheiten. Der Netzwerker kann sich dabei an folgenden Fragestellungen orientieren:

Kriterien für die Auswahl der Akteure in Arbeitsgruppen

- Wer könnte in dieser Kommune an einer Verbesserung der Situation im frühkindlichen Bereich interessiert sein bezüglich eines speziellen Schwerpunktthemas, z. B. »Rund um die Geburt« oder »Kinder- und Familienzentren«?
- Wer hat in der Kommune die Möglichkeit, Bereiche frühkindlicher Bildung mitzugestalten?
- Wer eignet sich als Multiplikator, d. h., wer ist bereits in Netzwerke eingebunden und in der Lage, weitere Akteure für die Mitarbeit in dieser Arbeitsgruppe zu gewinnen?

Die exemplarisch angeführten Aufstellungen zu den in »Kind & Ko« gewählten Schwerpunktthemen dienen zur Orientierung für die Auswahl von geeigneten Akteuren für Arbeitsgruppen:

Arbeitsgruppe »Rund um die Geburt«	Arbeitsgruppe »Kind und Familie im Zentrum«	Arbeitsgruppe Übergang Kita/Grundschule
Kinderärzte	Kinderhaus	Schulpsychologischer Dienst
Mütterzentrum	Kinderbibliothek	Kindergartenleitungen
Stadtelternrat	AWO	Schulleitungen
Physiotherapeutin	Kinderbüro	Eltern
Psychotherapeutenverein	VHS	Lehrer
Sozialpädiatrisches Zentrum	Elternteil	Stadtschulpflegschaft
Schwangerschaftsberatung	Kinderarzt	Gesundheitsamt
Gesundheitsamt	Kulturamt	Stadtelternrat
Gynäkologin	Mütterzentrum	Fachberatung
Mutter-Kind-Haus	Fachberatung	Jugendamt
Familienbegleiterin	Seniorenbetreuung	Kinderärztin
Leiterin einer Mutter-Vater-Kind-Gruppe	Kindertagesstätten	Pfarrbezirk
Diakonie	Gleichstellungsstelle	Caritas
Krankenkassen	Gemeindeverband Stadtelternrat	Kinderbüro
Leiterin eines Sozialbezirks	Kindersportschule	
Hebamme	Familienbildungsstätte	
Sozialdienst katholischer Frauen	Caritas	
	Jugendamt	
	Freies Beratungszentrum	
	Allgemeiner Sozialer Dienst	

Vgl. »Teilnehmer Arbeitsgruppen.pdf«

Zitat einer Netzwerkerin

»Das war noch einmal eine Aufgabe, für sich zu überlegen: Welche Leute nimmt man in die Arbeitsgruppen hinein? Wen spricht man an? Ich kann mich noch gut erinnern, dass gerade in der Arbeitsgruppe ›Rund um die Geburt‹ bei uns in der Stadt auch ein vollkommen neuer Themenschwerpunkt angesprochen wurde. Es gab seinerzeit eigentlich wenige Leute, die mir bekannt waren und bei denen ich sagen konnte: Die hole ich dazu! Es war ziemlich schwierig, diese Arbeitsgruppe zusammenzubekommen. Nachdem wir dann die Leute eingeladen hatten und ein Teil dieser Einladung gefolgt ist, haben wir zunächst Informationen gesammelt: Was liegt jedem im Zusammenhang mit diesem Thema am Herzen?
Vor allem im Bereich ›Rund um die Geburt‹ bestand damals großer Informationsbedarf: Welchen Stellenwert haben die Hebammen in der Stadt? Was sind ihre Schwerpunkte? Womit beschäftigen sie sich? Oder: Was läuft im sozialpädiatrischen Zentrum zu dieser Thematik ab? Arbeiten sie mit Kliniken zusammen? Wenn ja, wie sieht diese Zusammenarbeit aus? Da war vieles sehr offen, sehr diffus und mir nicht bekannt. Es war für mich erst mal ein Lernprozess, von den Leuten zu hören, was in jedem Bereich so passiert, wie dort Arbeit strukturiert wird und wo die Schwerpunkte liegen.«

Festlegung der Aufgaben und Ziele

Schwerpunktthemen des Projektes »Kind & Ko« in Paderborn und Chemnitz:
- »Rund um die Geburt«
- »Kind und Familie im Zentrum«
- »Übergang Kita/Grundschule«

Vgl. »Ablaufplan Arbeitsgruppe.pdf«

Für jedes Schwerpunktthema wird eine eigene Arbeitsgruppe ins Leben gerufen. Eine Arbeitsgruppe mit zwei oder mehreren Schwerpunktthemen zu betrauen hat sich hingegen als nicht zielführend erwiesen. Die wichtigsten Aufgaben und Ziele einer Arbeitsgruppe lassen sich wie folgt skizzieren:

1) Ein gemeinsames Verständnis von Kindern und frühkindlicher Bildung entwickeln: Die Praxis bestätigt, dass die Akteure zielgerichteter vorgehen, wenn sie ein gemeinsames, stärkenorientiertes Bildungsverständnis für ihr Schwerpunktthema entwickelt haben.

2) Die aktuellen Entwicklungen, Diskussionen und Erkenntnisse berücksichtigen: Die Arbeitsgruppe orientiert sich an dem Leitbild ihrer Kommune zur frühkindlichen Bildung – sofern vorhanden –, ebenso an der

aktuellen öffentlichen Diskussion und Entwicklung auch auf Landes- und Bundesebene.

3) Die Bedürfnisse und Wünsche von Kindern und Eltern diskutieren: Die Akteure werten die Ergebnisse der Bedarfsermittlung aus und vergleichen, ob die vorhandenen frühkindlichen Bildungs- und Betreuungsangebote in der Kommune diesen Bedarf abdecken.

4) Zentrale Schwerpunktthemen innerhalb des Schwerpunktthemas identifizieren: Die Arbeitsgruppe ermittelt, in welchen Bereichen ihrer Auffassung nach der höchste Handlungsbedarf besteht und was getan werden muss, um aus gesamtkommunaler Sicht am ehesten eine Verbesserung der frühkindlichen Bildung, Betreuung und Erziehung im Ort herbeizuführen.

5) Handlungsempfehlungen entwickeln: Nach Maßgabe des identifizierten Handlungsbedarfs entwickeln die Akteure Handlungsempfehlungen, die bereits konkrete Einzelmaßnahmen für die einzelnen Bereiche vorschlagen.

6) Handlungsempfehlungen umsetzen: Die Mitglieder der Arbeitsgruppe legen die Handlungsempfehlungen dem Steuerungsgremium vor und verhandeln mit diesem und im Forum über die Möglichkeiten einer Realisierung der vorgeschlagenen Maßnahmen.

Unterstützung der Arbeitsgruppen durch Koordination und Moderation

Die Akteure in den Arbeitsgruppen benötigen in der Regel Unterstützung bei der Kommunikation. Diese Aufgabe übernehmen Netzwerker. Sie sind nicht nur ständige Ansprechpartner der Akteure des Gremiums, sondern:

Interaktionen und Kommunikation zwischen den Akteuren steuern

- begleiten und beraten die Akteure bei ihren Aktivitäten und bei der Entwicklung kommunaler Handlungsempfehlungen;
- tauschen sich laufend mit den Moderatoren von anderen mit frühkindlicher Bildung betrauten Arbeitsgruppen sowie weiteren externen Fachpersonen, beispielsweise wissenschaftlicher Begleitung, aus;
- beraten die Moderatoren bei der Konzeption für die Entwicklung von kommunalen Handlungsempfehlungen und den Ablauf der künftigen Sitzungen der Arbeitsgruppen;
- planen und bereiten den Rahmen für die Sitzungen vor, zum Beispiel Terminplanung, Buchung der Räumlichkeit, Catering usw.;
- dokumentieren in den Teilnehmerlisten die Anwesenheit in den Sitzungen;
- verfassen und versenden die Einladungen an die Akteure der Arbeitsgruppen zur Teilnahme an den Sitzungen.

Vgl. »Mustereinladungsschreiben erstes Folgetreffen AG.doc«, »Mustereinladungsschreiben weitere Folgetreffen AG.doc«

Erfahrene Moderatoren beauftragen

Vgl. »Netzwerker-tipps.pdf«

Von zentraler Bedeutung ist die Moderation der Sitzungen, insbesondere aufgrund der heterogenen Zusammensetzung der Arbeitsgruppe aus Mitgliedern, die teilweise gegensätzliche Eigeninteressen haben oder bisweilen sogar in Konkurrenz zueinander stehen. Es handelt sich demnach um eine sehr anspruchsvolle Aufgabe, die den Erfolg der Arbeitsgruppe entscheidend mit beeinflusst. Im Projekt »Kind & Ko« wurden externe Fachpersonen mit umfassender Erfahrung in der Moderation kommunaler Gremien mit dieser Aufgabe betraut. Im Sinne der Nachhaltigkeit empfiehlt es sich jedoch, die Moderation nach einer gewissen Zeit kommunalen Akteuren zu übertragen, die vorab in Moderationstechniken und inhaltlichen Aspekten geschult werden.

Zitat einer Netzwerkerin

»Da liefen ganz schwierige Prozesse ab, gerade in dieser Arbeitsgruppe, wo auf einmal Kita-Leitungen, sozialpädagogische Familienhilfen, Ärzte zusammenkamen. Also ganz unterschiedliche Professionen, die natürlich zum gleichen Schwerpunkt ganz unterschiedliche Themen einbringen konnten. Es war nicht einfach, da einen Konsens zu erzielen. Irgendwann haben mich ganz viele aus dieser Arbeitsgruppe angesprochen, sie wüssten ehrlich nicht mehr, was sie eigentlich in der Arbeitsgruppe länger sollten. Das war ein Grund, sich mit dem Moderator zusammenzusetzen und zu sagen: Wir brauchen einen roten Faden, es muss jetzt einfach festgezurrt werden, woran wir weiterarbeiten wollen. Von dem Punkt an war alles klar: Die vielen Themen waren gebündelt, ab da lief es dann rund. Da war dann bei allen auf einmal wieder Motivation zu spüren und Interesse weiterzumachen.«

3.5 Von der Handlungsempfehlung zur Umsetzung von Maßnahmen

Politische Legitimation und praktische Umsetzung von Maßnahmen

Wie oben dargelegt, haben die Arbeitsgruppen in Abstimmung mit dem Steuerungsgremium und dem Forum Handlungsempfehlungen entwickelt, die es nun zu legitimieren und in die Praxis umzusetzen gilt. Dieses Kapitel beschreibt, auf welche Art von Maßnahmen sich Handlungsempfehlungen beziehen, wer an ihrer Entwicklung beteiligt ist, wie man den Jugendhilfeausschuss von der Notwendigkeit der Maßnahmen überzeugen kann und worauf es bei der Umsetzung der Maßnahmen ankommt.

In den Handlungsempfehlungen sind konkrete Maßnahmen zur Verbesserung der frühkindlichen Bildungs- und Betreuungslandschaft in der Kommune beschrieben. Die Wirkung dieser Maßnahmen hängt entscheidend davon ab, ob sie konzeptionell

- langfristig angelegt sind und
- kontinuierlich weiterentwickelt werden sollen.

> Als Maßnahme wird in der Verwaltung ein Projekt bezeichnet, wenn es sich um die Umsetzung einer konkreten Aufgabenstellung handelt. Maßnahme im hier verstandenen Sinne ist eine einmalige und zeitlich begrenzte Veränderungsinitiative, die dazu führen soll, dass die bestehenden kommunalen Angebote für Kinder verbessert werden bzw. neue aufgebaut werden.

Darüber hinaus macht die Umsetzung von Maßnahmen zur Verbesserung der frühkindlichen Bildungs- und Betreuungsangebote in der Kommune nur dann Sinn, wenn sie darauf ausgelegt sind, zu den Regelangeboten mit aufgenommen, d.h. im bestehenden System der kommunalen Bildungslandschaft verankert zu werden. Dies würde zum Beispiel für die Einführung von

Aufnahme in das Regelangebot der Kommune

Angeboten zur Erziehungsberatung für Eltern in Kitas oder den Einsatz von Familienhebammen in der Kommune zutreffen.

Maßnahmen
kontinuierlich
weiterentwickeln

Es geht dabei aber nicht allein darum, das Angebotssystem zu verbessern, sondern die neuen oder modifizierten Angebote für Kinder kontinuierlich weiterzuentwickeln. Demnach ist die Umsetzung von Maßnahmen zum einen darauf ausgerichtet, in der Kommune auf Dauer neue Dienste und Angebote »rund um das Kind« einzuführen, und zwar ressortübergreifend, d. h. über die Politikfelder Bildung, Gesundheit, Soziales sowie Kinder- und Jugendhilfe hinweg. Zum anderen will man es nicht darauf beruhen lassen, solche Angebote einzuführen, sondern sie ständig weiterentwickeln und verbessern. Nur so können sie dem Anspruch gerecht werden, sich an den Wünschen und Bedürfnissen der Betroffenen – der Kinder und ihrer Familien – zu orientieren und bedarfsgerecht gestaltet zu sein.

Vgl. »Handlungs-
empfehlungen
Chemnitz.pdf«
und »Handlungs-
emfehlungen
Paderborn.pdf«

Wer ist an der Entwicklung von Handlungsempfehlungen beteiligt?

Intensive Abstimmung
zwischen
allen Beteiligten

Die Entwicklung von Handlungsempfehlungen ist zunächst Sache der Arbeitsgruppen, sie sollte aber in enger und intensiver Abstimmung mit dem Steuerungsgremium und dem Forum stattfinden (vgl. Kapitel 2.4). Entscheidend für den Erfolg, d. h. die Zustimmung zur Realisierung der vorgeschlagenen Maßnahmen durch den Jugendhilfeausschuss, ist, wie die beteiligten Akteure im Verlauf der Entwicklung der in den Handlungsempfehlungen angegebenen konkreten Maßnahmen ressortübergreifend miteinander kommunizieren (vgl. Kapitel 2.3). Diese Phase ist deshalb besonders wichtig, weil die Mitglieder des Steuerungsgremiums beispielsweise den Teilnehmern der Arbeitsgruppen wichtige Tipps und Hinweise geben können, worauf sie bei der Formulierung der Handlungsempfehlung achten sollten, um den Jugendhilfeausschuss von der Notwendigkeit der Umsetzung ihrer Vorschläge zu überzeugen.

Paten stehen den
Arbeitsgruppen
beratend zur Seite

In der Praxis hat sich bewährt, dass Mitglieder des Steuerungsgremiums den Arbeitsgruppen als so genannte »Paten« beiwohnen, die ihnen ihren Eindruck über die bisher entwickelten Maßnahmenvorschläge vermitteln bzw. Änderungswünsche und Anmerkungen des Steuerungsgremiums zu bereits vorgelegten Handlungsempfehlungen erläutern. Denn es kann durchaus vorkommen, dass die Teilnehmer der Arbeitsgruppe zunächst die Gründe nicht nachvollziehen können, warum das Steuerungsgremium bestimmte Vorschläge nicht teilt oder für nicht realisierbar hält. Wenn der »Pate« ihnen aber die Denkweise und die Argumentation des Steuerungsgremiums erläutert, weiß die Arbeitsgruppe, was sie bei der Formulierung ihrer Vorschläge berücksichtigen sollte. In den beiden »Kind & Ko«-Modellkommunen wurden die Arbeitsgruppen »Rund um die Geburt«, »Kind und Familie im Zentrum« sowie »Übergang Kita/Grundschule« jeweils von einem »Paten« begleitet und unterstützt.

Zitat einer Netzwerkerin

»Nachdem die Idee gekommen ist, aus dem Steuerungsgremium Patenschaften für die Arbeitsgruppen einzurichten, haben wir in Paderborn ein Treffen zwischen dem ›Paten‹ und dem ›Patenkind‹ arrangiert, damit sich beide Seiten kennen lernen konnten. Bei diesem Treffen haben Arbeitsgruppen dem ›Paten‹ vorgestellt, worauf ihre Empfehlungen abzielen. Sie erhofften sich, Rückmeldungen von einem Mitglied des Steuerungsgremiums zu erhalten, ob sie auf dem richtigen Weg waren. Ich denke, dass dabei gewisse Reibungspunkte einfach notwendig sind, denn solche Auseinandersetzungen treiben das Projekt letztendlich auch wieder voran. Ein wichtiger Entwicklungsschritt für die Teilnehmer der Arbeitsgruppe war zu erkennen, dass die von ihnen entwickelten Vorschläge für die Steuerungs- und Entscheidungsträgerebene überzeugend dargelegt und verdeutlicht werden müssen.«

Als besondere Herausforderung stellt sich dabei immer wieder die sprachliche Formulierung der Handlungsempfehlungen heraus. Hierin sind viele Mitglieder der Arbeitsgruppe nicht geübt und benötigen häufig Unterstützung von außen. Diese erhalten sie vom Netzwerker selbst oder von ihrem Moderator.

Auf die richtige Formulierung kommt es an

Nachdem sich die Teilnehmer der Arbeitsgruppe auf ihre endgültige Version der Handlungsempfehlungen verständigt und diese mit dem Steuerungsgremium abgestimmt haben, bietet sich an, dass beide gemeinsam diese dem Forum »Frühkindliche Bildung« präsentieren. Hier können alle Personen in der Kommune, die sich beruflich oder persönlich mit frühkindlicher Bildung auseinandersetzen, einen Eindruck über die vom kommunalen Netzwerk geplanten Maßnahmen zur Verbesserung der frühkindlichen Bildungs- und Betreuungsangebote gewinnen. Sie haben zudem die Möglichkeit, ihre Meinung zu den vorgestellten Handlungsempfehlungen vorzutragen und in die Diskussion einzubringen, auf diese Weise ggf. auch Änderungen herbeizuführen oder auf Schnittstellen zu bereits bestehenden Angeboten aufmerksam zu machen und diese mit zu berücksichtigen. Ein solcher Austausch im Forum bietet neben einer Vielzahl von Synergieeffekten (vgl. Kapitel 2.3) eine gute Gelegenheit, die Teilnehmer des Forums mit »ins Boot« zu holen. Denn im günstigsten Fall sind sie von den präsentierten Handlungsempfehlungen so überzeugt und angetan, dass sie als Multiplikatoren für diese werben und

Das Forum gibt den Handlungsempfehlungen den »letzten Schliff«

neue Akteure zur Mitwirkung an deren Umsetzung motivieren. Die Präsentation und Diskussion der entwickelten Handlungsempfehlungen im Forum ist ein wichtiger Schritt, um durch die Einbeziehung aller infrage kommender kommunaler Akteure »rund ums Kind« eine gesamtkommunale Verantwortungsgemeinschaft für Kinder zu bilden. Hier wird eine breite Basis für die Akzeptanz der vorgestellten Handlungsempfehlungen geschaffen, die für deren nachhaltige Umsetzung unabdingbar ist.

Zitat einer Netzwerkerin

»Die Arbeitsgruppen haben die Handlungsempfehlungen zuerst einmal nach ihren Vorstellungen entwickelt und dann in den Sitzungen dem Steuerungsgremium vorgestellt. Dort erfuhren sie, wie dieses Gremium die Handlungsempfehlungen aufgenommen und beurteilt hat. Diese Rückmeldung wurde von den Arbeitsgruppen aufgenommen, um bestimmte Handlungsempfehlungen zu überarbeiten, weiterzuentwickeln oder noch mal zu überdenken. Das war ein ganz wichtiger Schritt für die Arbeitsgruppen, denn sie mussten sich noch einmal intensiver mit den einzelnen Schwerpunkten auseinandersetzen, diesmal auch aus der Sicht des Steuerungsgremiums. Dabei gab es teilweise auch Verärgerung, Stress oder Reibungsflächen: Wieso sehen die das anders als wir? Aber ich denke, die Moderatoren der Arbeitsgruppen haben das ganz gut gelenkt und dann so weit hinbekommen, dass in der Folgezeit Handlungsempfehlungen entstanden, die noch mal mit dem Steuerungsgremium beraten wurden. Und erst nachdem alle der Meinung waren, die Empfehlungen seien weitestgehend abgestimmt, sind sie ins Forum gegangen. Dort haben die einzelnen Arbeitsgruppen ihre Empfehlungen präsentiert und noch einmal diskutiert. Dabei kamen von den Forumsteilnehmern gute Hinweise und Anregungen, zum Beispiel darüber, was noch präzisiert werden sollte oder wo Abstimmungsbedarf zwischen den einzelnen Arbeitsgruppen bestand, weil manche Maßnahmen sich überschnitten. Das Forum hat insgesamt dazu beigetragen, dass alle Beteiligten einen guten Gesamtüberblick über alle geplanten Maßnahmen in der Kommune gewinnen konnten.«

Das Zusammenwirken der Akteure führt zu einer neuen Form kommunaler Governance

Die gemeinsame Entwicklung von Handlungsempfehlungen zunächst zwischen Arbeitsgruppen und dem Steuerungsgremium und später im Forum ist ein gutes Beispiel für eine neue Form von kommunaler Governance in der frühkindlichen Bildung. Auf diese Weise entstehen nämlich neue Formen von Abstimmungs- und Entscheidungsformen über verschiedene Hierarchieebenen hinweg. Die umzusetzenden Maßnahmen werden weder von oben angeordnet (»top-down approach«) noch allein von den Akteuren der Fachebene und den Eltern entwickelt und vorgeschlagen (»bottom-up approach«), sondern erfolgt in einem partizipativen Austausch und in intensiver Diskussion zwischen allen involvierten Vertretern aus Politik und Verwaltung, der Fachebene sowie den Eltern und Bürgern – über alle Hierarchieebenen hinweg. Diese neue Form der Kooperation gibt den Beteiligten auch einen Einblick in die Arbeits- und Argumentationsweise der anderen Akteure.

Bei der Zusammenarbeit und Abstimmung zwischen den Teilnehmern der Arbeitsgruppen und den Mitgliedern des Steuerungsgremiums kann es erfahrungsgemäß immer wieder zu Auseinandersetzungen und – auf beiden Seiten – zu Frustrationen kommen. Dies ist insbesondere dann der Fall, wenn das Steuerungsgremium den Teilnehmern der Arbeitsgruppe ihre Handlungsempfehlungen zur Überarbeitung zurückgibt oder manche Vorschläge als nicht praktikabel komplett verwirft. In solchen Fällen kommt es darauf an, dass sich beide Seiten mit Respekt und Wertschätzung begegnen und deutlich wird, dass die Kritik nicht persönlich gemeint, sondern inhaltlich und sachlich begründet ist. Aufgabe des Netzwerkers ist hierbei, den Mitgliedern der Arbeitsgruppe die Perspektive des Steuerungsgremiums zu verdeutlichen, das sich viel stärker an der Realisierbarkeit der vorgeschlagenen Maßnahmen orientiert. Umgekehrt muss er die Mitglieder des Steuerungsgremiums dafür sensibilisieren, wie viel Arbeit und freiwillige Leistung die Arbeitsgruppen in den Prozess eingebracht haben und dass auch die Teilnahme am Forum ein zusätzliches Engagement darstellt, das nicht selbstverständlich ist.

Neue Form der Auseinandersetzung zwischen allen Ebenen

Zitat einer Netzwerkerin

»Die Teilnehmer der Arbeitsgruppe haben ihre Ideen einfach vorgetragen und ihre Gedanken losgesprudelt. Irgendwann haben wir dann Zeitdruck aufgebaut, mit der Festlegung des Termins für die Sitzung des Jugendhilfeausschusses, wo diese Empfehlungen vorgestellt werden sollten. Mit diesem Hinweis auf den Jugendhilfeausschuss ist etwas Neues ins Rollen gekommen: Die Teilnehmer der Arbeitsgruppe haben erkannt, welche Bedeutung diese Sitzung haben kann. Es entstand am Ende ein unwahrscheinlicher Druck, weil das Steuerungsgremium, dem die Handlungsempfehlungen vorab präsentiert worden waren, empfahl, diese noch einmal zu überdenken und teilweise abzuändern. Parallel zu diesem Druck lief immer der Gedanke mit, das bringt alles nichts, weil keine Gelder in der Kommune da sind. Das Blatt hat sich dann gewendet, als wir Mitglieder des Steuerungsgremiums in die Arbeitsgruppe eingeladen haben, die nochmals Stellung zu den Handlungsempfehlungen genommen und auch die Aussicht offengelassen haben, dass es durchaus Sinn machen würde, die entwickelten Maßnahmen im Jugendhilfeausschuss vorzustellen.«

Wie lässt sich der Jugendhilfeausschuss von der Notwendigkeit der Maßnahmen überzeugen?

Den Jugendhilfe-ausschuss auf dem Laufenden halten

Nachdem die Arbeitsgruppe, das Steuerungsgremium und das Forum die Handlungsempfehlungen inhaltlich abgestimmt haben, werden diese an den Jugendhilfeausschuss zur Entscheidung über die Umsetzung der vorgeschlagenen Maßnahmen weitergeleitet. Es ist hilfreich, den Jugendhilfeausschuss – wie beim Auf- und Ausbau des kommunalen Netzwerks für frühkindliche Bildung (vgl. Kapitel 2.1 und 2.4) – bereits während der Entwicklung der Handlungsempfehlungen über den Stand der Dinge auf dem Laufenden zu halten, damit er korrigierend und beratend eingreifen kann. Denn Voraussetzung für eine nachhaltige kommunale Verankerung des Netzwerks und eine langfristige Übernahme von vorgeschlagenen Maßnahmen zur Verbesserung der frühkindlichen Bildungslandschaft in das Regelangebot der Kommune ist ein politischer Beschluss des Jugendhilfeausschusses. Er ist die Instanz, die letztlich über die Etablierung einer breiten Verantwortungsgemeinschaft für frühkindliche Bildung auf kommunalpolitischer Ebene und die Realisierung entsprechender Angebote entscheidet.

Kriterien für einen positiven Beschluss des Jugendhilfeausschusses

Die Entscheidung des Jugendhilfeausschusses zugunsten der vorgeschlagenen Maßnahmen hängt von mehreren Faktoren ab, die der Netzwerker durchaus beeinflussen kann, zum Beispiel:
- die Vorschläge wurden von der Arbeitsgruppe in enger Abstimmung mit dem Steuerungsgremium und anschließend im Forum entwickelt,
- der Jugendhilfeausschuss war von Beginn an über den Stand der Dinge bei der Entwicklung der Handlungsempfehlungen informiert und hatte somit Gelegenheit, den Akteuren Feedback zu geben,
- die Umsetzung der vorgeschlagenen Maßnahmen ist machbar und finanzierbar,
- die Teilnehmer der Arbeitsgruppe haben die Verantwortlichkeiten für die Umsetzung der einzelnen Maßnahmen geklärt,
- bei der Entwicklung der Maßnahmen wurde die Evaluation von Beginn an berücksichtigt, um ihre Wirksamkeit zu überprüfen und dem Jugendhilfeausschuss Rechenschaft geben zu können,

- die Bürger werden im Rahmen der Presse- und Öffentlichkeitsarbeit über die lokalen Medien darüber informiert, welche Maßnahmen der Jugendhilfeausschuss verabschiedet hat.

Es ist also sehr wichtig, den Jugendhilfeausschuss in die Ausgestaltung des Netzwerks und die Entwicklung von Handlungsempfehlungen von Anfang an einzubeziehen und über den Stand der Dinge auf dem Laufenden zu halten. Damit wird gewährleistet, dass die politische Entscheidungsebene der Kommune die Aktivitäten des Netzwerks unterstützt. Besondere Bedeutung kommt dem Jugendhilfeausschuss bei der Legitimation der in den Arbeitsgruppen entwickelten Maßnahmen zur Verbesserung der frühkindlichen Bildungslandschaft zu. Deren Umsetzung setzt den expliziten Auftrag des Jugendhilfeausschusses voraus. Mit seiner Erteilung übernimmt die Kommune die Verantwortung für die Realisierung dieser Maßnahmen. Die Sicherung ihrer Finanzierung fällt ebenfalls in den Aufgabenbereich des Jugendhilfeausschusses: Er entscheidet darüber, ob die veranschlagten Kosten realistisch sind oder einer Korrektur bedürfen.

Es gibt kein »Patentrezept« für die Legitimation der in den Arbeitsgruppen entwickelten Handlungsempfehlungen und darin vorgeschlagenen konkreten Maßnahmen durch die kommunalen Entscheidungsträger. Die formalen Verfahren des Jugendhilfeausschusses sind je nach Kommune unterschiedlich. In manchen Kommunen empfiehlt der Jugendhilfeausschuss die Umsetzung von vorgeschlagenen Maßnahmen, in anderen verabschiedet er diese. Hier ist es Aufgabe des Netzwerkers, auf die Einhaltung der in der Kommune geltenden formalen Verfahrensweisen zu achten. Dies wird ihm umso leichter fallen, wenn er mit diesen bereits vertraut ist – zum Beispiel, weil er zuvor bereits beim Jugendamt tätig war –, andernfalls muss er sich über die gängigen Formalia informieren, damit er weiß, was er bei der Vorbereitung der Sitzung des Jugendhilfeausschusses beachten muss. Bereits in den beiden Modellkommunen wurden Unterschiede bei der Vorstellung der Handlungsempfehlungen im Jugendhilfeausschuss deutlich. In Chemnitz beispielsweise hat die Netzwerkerin zunächst eine Beschlussvorlage erstellt, über die in der Dienstberatung des Oberbürgermeisters abgestimmt wurde. Etwaige Änderungsvorschläge wurden in das Papier eingearbeitet, erst dann wurde es als Beschlussvorlage an die Mitglieder des Jugendhilfeausschusses weitergeleitet, die dann in der Ausschusssitzung über die Realisierung der empfohlenen Maßnahmen berieten.

Die stetige Abstimmung zwischen den Mitgliedern der Arbeitsgruppen und den kommunalen Entscheidungsträgern bei der Entwicklung der Handlungsempfehlungen führt zudem zu Lerneffekten bei allen Beteiligten. Die Vertreter der Fachebene und der Elternschaft sowie beteiligte Bürger lernen

Einbeziehung des Jugendhilfeausschusses in die Netzwerkarbeit

Keine Tipps »von der Stange«: Jede Kommune hat ihre eigenen formalen Verfahrensweisen

Enge Abstimmung führt zu Lerneffekten bei den Akteuren der Fachebene …

mit den Mitgliedern der Steuerungs- und Entscheidungsebene selbstbewusster umzugehen, die Kommunikation mit diesen Personen wird für sie zu einem selbstverständlichen Bestandteil ihres Engagements im Netzwerk. Auf diese Weise werden sie nicht nur mit den teilweise komplizierten Entscheidungswegen in der kommunalen Politik und Verwaltung vertraut, sondern wissen sich mit der Zeit gezielt und gut auf entsprechende Sitzungen vorzubereiten.

Zitat einer Netzwerkerin

»Die Arbeitsgruppen und Forumsteilnehmer haben auch Verwaltungsprozesse kennen gelernt, die sie nach eigenem Bekunden so nicht erwartet haben; zum Beispiel, dass im Vorfeld umfassend zu klären ist, wer alles noch in die Maßnahme mit einbezogen werden muss. Das haben eigentlich bisher die Außenstehenden, insbesondere die Eltern, in den Arbeitsgruppen ganz intensiv erlebt. Sie haben dort eine andere Form gefunden, bestimmte Dinge vorzubereiten oder auch mit Mitgliedern der anderen Arbeitsgruppen zu arbeiten und umzugehen. Sie haben aber auch gelernt, welche Prozesse in der Verwaltung im Einzelnen ablaufen und dass manches doch komplizierter ist als im Allgemeinen gedacht; aber auch im Umgang mit Verantwortlichen in der Stadt ist auch noch mal etwas neu entstanden.«

… und den kommunalen Entscheidungsträgern

Aber auch die Mitglieder des Steuerungsgremiums profitieren von der engen Zusammenarbeit mit den Arbeitsgruppen. Sie erhalten zum Beispiel Einblick in die aktuellen Herausforderungen und Belange unterschiedlicher kommunaler Politikfelder wie Gesundheit, Soziales, Kinder- und Jugendhilfe oder Bildung sowie in die Bedürfnisse von betroffenen Familien und Bürgern. Auf diese Weise können sich bei der Entwicklung von Handlungsempfehlungen neue Formen der Partizipation und Kooperation herausbilden, die »(…) auf Vertrauen, Konsensbildung und Selbstfindung der beteiligten Akteure setzt. Dabei wird die Autonomie der beteiligten Akteure respektiert« (Dahme und Wohlfahrt 2000: 326).

Beschluss des Jugendhilfeausschusses nimmt Akteure in die Pflicht

Der Beschluss der Umsetzung der vorgeschlagenen Maßnahmen durch den Jugendhilfeausschuss ist gleichbedeutend mit einer offiziellen Entscheidung der Kommune zugunsten ihrer Realisierung. Mit diesem positiven Zeichen stellen sich die kommunalen Entscheidungsträger aber auch hinter die Arbeit des Netzwerks und sprechen sich für dessen Fortbestand aus. Der Beschluss des Jugendhilfeausschusses nimmt aber auch die Akteure des Netzwerks, insbesondere den Netzwerker, in die Pflicht. Sie sind fortan für die Umsetzung der verabschiedeten Maßnahmen verantwortlich und haben dem Jugendhilfeausschuss Rechenschaft abzugeben, vor allem über

- die Verwendung der bewilligten finanziellen Mittel für die einzelnen Maßnahmen: Wurden die Mittel entsprechend der Vorlage des Jugendhilfeausschusses eingesetzt? Wurden nachträgliche Veränderungen der Maßnahmen mit den zuständigen Entscheidungsträgern der Kommune bzw. den Trägern abgesprochen?
- die Wirksamkeit der verabschiedeten Maßnahmen: Wurden die Maßnahmen wie geplant umgesetzt? Haben sie die gewünschte Wirksamkeit gezeigt?

Um Letzteres beantworten zu können, müssen die Akteure bereits in der Konzeption der Maßnahmen die Evaluation mit berücksichtigen (vgl. Kapitel 4.4). Dort wird beispielsweise dokumentiert, wie viele Akteure der Fachebene an Fortbildungen zum Thema »rund um die Geburt« teilgenommen haben oder ob Eltern in die Gestaltung des Übergangs von der Kita in die Schule stärker mit einbezogen werden.

Evaluation zur Messung der Wirksamkeit der Maßnahmen

Zitat einer Netzwerkerin

»Die Entwicklung von Handlungsempfehlungen erwies sich als ein weitreichender Prozess, zumal es darum geht, Angebote zur frühkindlichen Bildung und Erziehung in der Kommune auf Dauer zu installieren, dabei viele Bereiche mit einzubeziehen und auch die Politik hinter sich zu wissen. Mit diesem Beschluss des Jugendhilfeausschusses werden die Handlungsempfehlungen verbindlich, es steht sozusagen ein Muss dahinter: Kommune und Jugendhilfeausschuss verlangen jetzt, dass die vorgestellten Maßnahmen auch umgesetzt und weiterentwickelt werden. Gleichzeitig erwarten sie auch Rechenschaft über den Stand der Dinge. Hier hat das Ganze eine neue Dimension erreicht. Gleichzeitig kommen bei der Umsetzung auch weitere Menschen hinzu, die feststellen, dass die neue Entwicklung auch für ihren Bereich wichtig ist und bereit sind, als Quereinsteiger dem Netzwerk beizutreten, um bei den Neuerungen mitzuwirken und diese voranzutreiben. Ich denke, aus diesen Handlungsempfehlungen werden sich weitere Aufgaben ergeben. Denn wenn ich nach Maßgabe einer Handlungsempfehlung einen runden Tisch zum Thema ›rund um die Geburt‹ ins Leben rufe, entwickeln seine Mitglieder ja auch wieder neue Ziele und überlegen, was in der Kommune in einzelnen Bereichen weiter verbessert werden kann. Und daraus entstehen wieder kleinere Gruppen, die dieses oder jenes umsetzen. Also, kommunal gesehen hat das Ganze schon eine enorme Bedeutung erreicht.«

127

Neue Kultur
der Partizipation

Die Einbindung aller relevanten kommunalen Akteure in die Entwicklung und Umsetzung von Handlungsempfehlungen zur Verbesserung der frühkindlichen Bildungslandschaft kann zu einer neuen Kultur von Beteiligung und Partizipation führen. Die daraus resultierende koordinierte und in enger Abstimmung stattfindende Zusammenarbeit kann bei allen Beteiligten eine neue Vorstellung von kommunaler Steuerung bewirken, die von interdisziplinärer und ressortübergreifender Kooperation geprägt ist.

Zitat einer Netzwerkerin

»Es ist schon eine andere Kultur entstanden: Dass Eltern, Akteure und Verwaltungsfachkräfte zu einem Thema so intensiv und über eine lange Zeit – und wahrscheinlich noch länger – zusammenarbeiten, würde ich schon als etwas ganz Neues bezeichnen. Und dass auch die Spitze von Verwaltung und Politik so genau hinhört, was von unten nach oben kommt – und das in dieser Vielfalt –, ist ebenfalls neu. Aber dass auch die Spitzen übergreifend denken, d. h. Stadtverwaltung, Gesundheitsamt, Geschäftsführung, Caritas und andere zusammen an Themen arbeiten, nachdenken und überlegen, wie sie auf den Weg kommen könnten, das ist komplett neu.«

Worauf kommt es bei der Umsetzung der Maßnahmen an?

Mit der Verabschiedung der Handlungsempfehlungen im Jugendhilfeausschuss ist die größte Hürde genommen, nun können die Akteure der Fachebene mit der Umsetzung der bewilligten Maßnahmen beginnen. Ihr Erfolg hängt maßgebend von folgenden Faktoren ab:

Die Maßnahmen sind in bereits bestehende Strukturen, Angebote und Projekte frühkindlicher Bildung in der Kommune eingebunden

Parallelstrukturen
vermeiden,
Vorhandenes ergänzen
und weiterentwickeln

Die Teilnehmer der Arbeitsgruppen achten bereits bei der Entwicklung der Handlungsempfehlungen darauf, dass die vorgeschlagenen Maßnahmen zur Verbesserung der frühkindlichen Bildungsangebote keine Parallelstrukturen zu bereits bestehenden Angeboten entstehen lassen, sondern diese bestenfalls ergänzen bzw. weiterentwickeln. So ist beispielsweise denkbar, die bereits in Kindertageseinrichtungen und Erziehungsberatungsstellen vorhandenen Angebote zur Qualifizierung der elterlichen Erziehungskompetenz so miteinander zu verzahnen, dass die Eltern ein Beratungsangebot »aus einem Guss« für Kinder vom Säuglings- bis zum Schulalter erhalten. Andererseits kann eine Maßnahme auch zum Aufbau neuer Angebotsstrukturen in der Kommune führen, beispielsweise zu einer gemeinsamen Fortbildungsreihe zu einem bestimmten Thema für Akteure der Fachebene oder zur Schaffung einer ehrenamtlichen Familienbegleitung mit einem eigenen Organisations-büro. Angebote wie diese bereichern die frühkindliche Bildungslandschaft in der Kommune.

Die Mitglieder des Steuerungsgremiums stehen den Akteuren der Arbeitsgruppe
bei der Umsetzung der Maßnahmen beratend und unterstützend zur Seite

Sie begleiten die Aktivitäten der Arbeitsgruppe über den gesamten Verlauf des Projektes hinweg. Wenn Änderungen erforderlich werden oder unvorherge-sehene Schwierigkeiten auftreten, entwickeln sie gemeinsam mit der Arbeits-gruppe, den für die Umsetzung der Maßnahme zuständigen Personen und dem Netzwerker Lösungsvorschläge.

Kontinuierliche Unterstützung durch die Steuerungsebene

Die Zuständigkeiten sind geklärt und
die für jede Maßnahme verantwortlichen Personen stehen fest

Wesentliche Voraussetzung für den Erfolg des Netzwerks ist, dass geklärt ist, wer für die Umsetzung der einzelnen Maßnahmen zuständig und verant-wortlich ist. Es kann sich hierbei um eine Person oder mehrere Personen handeln. Erfahrungsgemäß sind zwar viele Akteure der Arbeitsgruppe bereit, sich an der Umsetzung der Maßnahmen zu beteiligen, jedoch wollen nur wenige dafür auch Verantwortung übernehmen. Hier ist die Überzeugungs-kraft des Netzwerkers gefragt. Er selbst wäre aufgrund seiner komplexen Aktivitäten im kommunalen Netzwerk überfordert, diese zusätzliche Aufgabe zu übernehmen. Dies ist auch aus fachlicher Sicht Angelegenheit der Ar-beitsgruppe. Der Aufbau eines »Hebammenzirkels« zum regelmäßigen Aus-tausch über eine Verbesserung der Angebote »rund um die Geburt« in der Kommune beispielsweise ist nicht Aufgabe des Netzwerkers, sondern einer Person, die beruflich mit diesem Themenbereich vertraut und bereit ist, län-gerfristig diesen Zirkel zu organisieren und zu moderieren.

Die Kunst des Netzwerkers, Verantwortungs-bereitschaft zu wecken

*Alle an der Realisierung der Maßnahmen beteiligten Akteure
verstehen sich als Teil einer gesamtkommunalen Verantwortungsgemeinschaft
zur Verbesserung der frühkindlichen Bildungsangebote*

Maßnahmen sind Teil
der gesamtkommunalen
Strategie

Bereits bei der Entwicklung der Handlungsempfehlungen achten die Arbeitsgruppen darauf, dass jede der vorgeschlagenen Maßnahmen sich in die gesamtkommunale Strategie integriert. Bei ihrer Umsetzung lassen sich die Akteure von den gemeinsam entwickelten Leitbildern des Netzwerks leiten (vgl. Kapitel 3.1).

Im Verlauf ihrer Aktivitäten verändern sich die Schwerpunkte in den Arbeitsgruppen, insbesondere nach der Entwicklung der Handlungsempfehlungen, wenn viele Teilnehmer der Arbeitsgruppen sich der Umsetzung der vorgeschlagenen Maßnahmen widmen. Ihre Aktivitäten verlagern sich von der theoretischen Konzeption in die praktische Umsetzung. Gleichwohl ist – wie beschrieben – nach wie vor wichtig, dass sich die Mitglieder der Arbeitsgruppe mit den Vertretern des Steuerungsgremiums und den im Forum mitwirkenden Akteuren über den Stand der Dinge austauschen. Eine weitere Mitwirkung in der Arbeitsgruppe stellt viele ihrer Mitglieder vor zeitliche Herausforderungen, weil sie sich mit teilweise hohem zeitlichem Aufwand für die Realisierung der bewilligten Maßnahmen engagieren. Für die Teilnahme an Arbeitsgruppensitzungen fehlt ihnen häufig die Zeit.

Wie hält man die
Akteure in den
Arbeitsgruppen?

Aufgabe des Netzwerkers ist es, die kontinuierliche Weiterarbeit der Arbeitsgruppe zu sichern. Er zeigt den Mitgliedern die Vorteile einer weiteren Beteiligung in der Arbeitsgruppe auf, zum Beispiel:

- in der Arbeitsgruppe erhalten sie Rückmeldungen und Stellungnahmen zum Stand der Umsetzung der Maßnahme,
- die Arbeitsgruppe eröffnet ihnen Synergieeffekte, da die einzelnen Maßnahmen sich teilweise ergänzen und überschneiden; die Zuständigen der verschiedenen Arbeitsgruppen können sich darüber in der Arbeitsgruppe direkt miteinander austauschen,
- alle Teilnehmer der Arbeitsgruppe können sich einen Überblick über den Stand der Umsetzung der Maßnahme verschaffen,
- die Arbeitsgruppe bietet den Teilnehmern eine Vielzahl von Lern- und Erfahrungsmöglichkeiten.

Die Konzeption zur Umsetzung der Maßnahmen sollte so flexibel gestaltet sein, dass sie einen Spielraum für veränderte Rahmenbedingungen zulässt

Voraussetzung für eine optimale Verbesserung der Bildungs- und Entwicklungschancen auf gesamtkommunaler Ebene ist ein gewisser Spielraum bei der Umsetzung der dafür beschlossenen Maßnahmen. Auch wenn sie bei der Verabschiedung durch den Jugendhilfeausschuss so detailliert wie möglich geplant und klar geregelt sein sollten, d.h. die Fragen nach dem Wer, Was, Wo, Wann und Wie lange ebenso geklärt sind wie die Finanzierung der Maßnahmen, können in der kommunalen Realität immer wieder unvorhergesehene Situationen auftreten. Sie führen dazu, dass Pläne revidiert werden müssen, weil zum Beispiel neue Gesetzgebungen auf kommunaler oder auf Landesebene in Kraft treten, Finanzierungszusagen wegfallen, für die Umsetzung der Maßnahme verantwortliche Personen aus irgendwelchen Gründen ausfallen usw. Die Konzeption für die Umsetzung der Maßnahmen sollte den Akteuren genügend Spielraum lassen, auf solche neuen Situationen zu reagieren und unter veränderten Bedingungen ihre Arbeit fortsetzen zu können.

Flexible Konzepte erweitern den Aktionsradius

Literatur zu Kapitel 3

Dahme, Heinz-Jürgen, und Norbert Wohlfahrt (Hrsg.). *Netzwerkökonomie im Wohlfahrtsstaat. Wettbewerb und Kooperation im Sozial- und Gesundheitssektor.* Wiesbaden 2000.

4 Wissen vermitteln und Erfolge sichtbar machen

4.1 Qualifizierung

Weiterbildung und Beratung lokaler Akteure

Ulrike Ziesche, Organisationsberatung &
Qualitätsentwicklung (IQUE), Ahrensburg

In kommunalen Handlungs- und Gestaltungsräumen ist das Thema frühkindliche Bildung aktueller denn je. Medien, Politik und – schon seit langem – Fachleute (z.B. Erziehungswissenschaftler) drängen darauf, dass Familien stärker mit Personen oder Institutionen vernetzt werden, die in ihrer Kommune rund ums Kind tätig sind. Es geht darum, Betroffene zu Beteiligten zu machen und so die häufig brachliegenden Potenziale und Ideen der einzelnen Akteure zu nutzen, um den Herausforderungen der heutigen Zeit für Familien und Gemeinwesen besser begegnen zu können. Dieser Herausforderung haben sich Kommunen heute zu stellen.

Bedeutung der Qualifizierung für kommunale Netzwerke

Die Vernetzung, die aus Betroffenen Beteiligte macht, folgt in der Regel einem systemisch-ganzheitlichen Projektverständnis, auch wenn sie nicht wie ein Projekt auf eine zeitliche Befristung ausgelegt ist (vgl. Mayrshofer und Kröger 1999: 28 ff.). Diesem Verständnis nach münden der Aufbau und die Steuerung eines lokalen Netzwerks zur frühkindlichen Bildung in einen Qualifizierungsprozess eines sozialen Systems. System ist hier definiert als die Summe der einzelnen Elemente (Personen, Institutionen usw.) in einem Netzwerk, die miteinander Probleme lösen bzw. Ziele erreichen können.

So schließen sich in einem kommunalen Netzwerk für Kinder verschiedene, bisher jeweils für sich arbeitende Berufsgruppen trägerübergreifend zusammen und denken über Wege nach, wie sie ihre jeweiligen Kompetenzen nutzbringend verbinden können. Das systemisch-ganzheitlich ausgerichtete Netzwerk orientiert seine Ziele am Nutzen für das *gesamte* System, das nicht nur aus Professionellen – zum Beispiel Lehrern, Hebammen, Kinder-

Netzwerk zielt auf Bündelung von Kompetenzen

135

ärzten, Sozialarbeitern, Erziehern, Pastoren usw. – besteht. Beim Aufbau eines lokalen Netzwerks frühkindlicher Bildung geht es vor allen Dingen um die direkte Beteiligung der Eltern und um die Berücksichtigung ihrer Interessen. Hierzu gehören auch die Interessen der Mädchen und Jungen, die in einer Kommune aufwachsen, sowie die ihrer Großeltern und ggf. Geschwister.

Vernetzung ist kein Selbstläufer. Sie geschieht selten von selbst, sondern muss in der Regel von jemandem initiiert werden, der den Vernetzungs- und Lernprozess anregt und die organisatorischen Voraussetzungen dafür schafft. In diesem Zusammenhang ist das Aufgabenprofil des Netzwerkers in Kapitel 1.3 beschrieben.

Lernen findet immer und überall statt

Wenn sich die einzelnen Glieder eines Systems auf diesen Prozess einlassen, können sie ebenso von diesem profitieren wie das System insgesamt. Denn ein zentraler Punkt des Erfolgs eines Netzwerks zur frühkindlichen Bildung liegt darin begründet, dass Lernen oder Qualifizierung strukturell ständig geschieht, nicht nur bei den Familien und Kindern, sondern bei allen Betroffenen, die zu Beteiligten werden – auch bei den Profis!

Immanente Qualifizierung

Immanentes Lernen bewusst machen

Alle Beteiligten begeben sich in einen kontinuierlichen Austauschprozess, der einen permanenten, nicht formal organisierten Lern- und damit auch Qualifizierungsprozess zur Folge hat. Sie sind sich dessen häufig nicht bewusst, weil sie immanent lernen: in den alltäglichen Zusammenhängen, ohne dass diese ausdrücklich als Qualifizierung ausgewiesen sind. Es hat sich als überaus sinnvoll erwiesen, dass die Akteure des Netzwerks sich dieser Qualität des Lernens bewusst sind, denn gerade die immanente Qualifizierung ist ein bedeutender Motivationsfaktor, den sie positiv für sich nutzen können, wie das nachfolgende Beispiel zeigt.

Beispiel aus der Praxis

In den »Kind & Ko«-Modellkommunen hat sich bestätigt: Wenn sich viele unterschiedliche Akteure aus vielfältigen Arbeitskontexten in Arbeitsgruppen oder Foren zusammentun, um an einem gemeinsamen Ziel zu arbeiten, entstehen Lerneffekte über:
- andere Tätigkeiten, Berufsfelder (Was machen die anderen eigentlich?)
- Kommunikation und Vernetzung (Was ist wichtig, um besser zusammenarbeiten zu können?)
- Partizipationsprozesse (Wie kann Partizipation gelingen?)

136

Organisierte Qualifizierung

Die andere Art der Qualifizierung findet in den dafür vorgesehenen Settings statt, zum Beispiel in Fortbildungen, Informationsveranstaltungen, Netzwerktreffen. Hier erarbeiten die Teilnehmer miteinander Fachthemen, reflektieren ihr Handeln und können zu speziellen Fragestellungen Rat einholen. All diese Angebote werden in der Regel als Maßnahmen geplant. Im zweiten Teil dieses Beitrags werden sie anhand praktischer Beispiele näher beleuchtet.

Beide Formen – immanente und organisierte Qualifizierung – finden in einem ständigen Wechselspiel statt. Qualifizierung ist demnach eine notwendig zu berücksichtigende Querschnittsdimension, wenn es darum geht, ein kommunales Netzwerk unter breiter Beteiligung aufzubauen und zu steuern. Alle Akteure des Netzwerks – Entscheider aus Politik und Verwaltung, Netzwerker, Vertreter der Fachebene, Eltern und andere Bürger – sind in diesen Lernprozess involviert.

Wechselspiel immanente und organisierte Qualifizierung

Das ist auch der Grund, warum Qualifizierung in der Fachwelt als ein so genannter kritischer Erfolgsfaktor für Vernetzungsprojekte bezeichnet wird. Kritischer Erfolgsfaktor deshalb, weil ein kommunales Netzwerk frühkindlicher Bildung gefährdet oder gar nicht realisierbar wäre, wenn sich die Betroffenen einer Beteiligung und der damit erforderlichen Bereitschaft zu der damit verbundenen Qualifizierung verschließen würden, d. h. nicht bereit wären, miteinander zu lernen! Jeder verharrte in seinem »begrenzten« Horizont, Aktivitäten fänden i. d. R. wie gehabt innerhalb der »Professionellen« auf der einen und der »Klienten« auf der anderen Seite statt – in der althergebrachten Rollenaufteilung der formal Wissenden und Unwissenden.

Alle Ebenen müssen lernbereit sein

In einem Netzwerk frühkindlicher Bildung dagegen werden alle Akteure als Experten anerkannt. Eltern sind Experten ihrer Kinder, denn sie können qualifiziert Auskunft über ihr eigenes Kind geben. Erzieherinnen sind Experten für die Betreuung von Kindern in Gruppen und in der Begleitung ihrer individuellen Bildungsprozesse. Hebammen und Kinderärzte sind Experten für alle Themen rund um die Geburt, der Netzwerker ist Experte für Vernetzungs- und Kommunikationsprozesse und die Entscheider bewerten Maßnahmen auf ihre Zielführung und ökonomische Umsetzung hin. Sie sind die Experten für die verlässliche Durchsetzung von Entscheidungen. Dies sind nur einige wenige Beispiele für die vielen unterschiedlichen Voraussetzungen, die die verschiedenen Akteure in das Netzwerk einbringen. Alle begeben sich miteinander auf einen gemeinsamen Weg und lernen voneinander.

Alle Akteure sind Experten

Im Folgenden werden anhand einiger Beispiele die Dimensionen der Qualifizierung bzw. Qualifizierungsbereitschaft konkretisiert, die sich in Netzwerken bei den jeweiligen Akteuren weiterentwickeln:

Das Lernen der Entscheidungsträger

Lernziel: Offenheit
und Verbindlichkeit

Entscheidungsträger aus Politik, Verwaltung und Trägerverbänden – zum Beispiel Mitglieder des Steuerungsgremiums – lernen beispielsweise,

- verbindliche Planungs- und Handlungsgrundlagen für eine formale Absicherung des lokalen Netzwerks zu schaffen,
- sich über politische oder Trägergrenzen hinaus auf die grundsätzliche Ausrichtung des Netzwerks miteinander zu verständigen,
- ergebnisoffene Prozesse zuzulassen, um einen gemeinsamen Lernprozess aller Beteiligten zu ermöglichen und damit zu tragfähigen Lösungen und Ideen zu kommen,
- die Bedeutung der frühkindlichen Bildung für die spätere Entwicklung der Kinder zu erkennen.

Das Lernen des Netzwerkers

Lernziel: Organisations-
prozesse lenken

Der Netzwerker lernt beispielsweise,

- Prozesse systemisch zu betrachten und zu steuern,
- wertschätzende und verlässliche Beziehungen zu vielen Beteiligten zu pflegen,
- potenzielle Problemfelder zu identifizieren und Betroffene zu Lösungen zu ermutigen,
- Arbeitstreffen so zu moderieren, dass die Beteiligten tragfähige Ergebnisse erarbeiten können,
- fachliche Kompetenzen von externen Fachleuten einzukaufen (z. B. externe Moderatoren, Projektmanager, Supervisoren u. a.) und sich selber fachlich weiterzuqualifizieren.

Das Lernen der Beteiligten

Lernziel: Bedürfnisse
artikulieren,
Mitstreiter finden

Fachkräfte, Eltern, Ehrenamtliche oder Bürger, denen die frühkindliche Bildung ein Anliegen ist, lernen beispielsweise,

- ihre Anliegen und Interessen zielorientiert einzubringen,
- Kooperationen zu nutzen,
- ermutigende Lernerfahrungen zu machen, die sie auf ihren Umgang mit den Kindern übertragen können.

Unabhängig davon, wo Lernen im kommunalen Netzwerk stattfindet – ob in Beratungen, Fortbildungen, im moderierten Austausch und auf Informationsveranstaltungen –, in jeder Begegnung zwischen Menschen, die die Vernetzung voranbringen, handelt es sich um eine Qualifizierung, die das Wissen, die Erfahrungen und die Kompetenzen der Beteiligten zusammenführt und damit für alle nutzbar macht.

Kriterien für die Planung und Umsetzung von Qualifizierungsangeboten

Prozessblick und Bereitschaft zur Partizipation

Wie oben bereits erwähnt, ist es hilfreich, schon bei der Planung des Aufbaus und der Steuerung des kommunalen Netzwerks für frühkindliche Bildung jemanden hinzuzuziehen, der Erfahrungen und Kenntnisse im Projektmanagement hat. Einem Netzwerker mit einem Grundverständnis von Prozessorientierung und einer beteiligenden Grundhaltung fällt es in der Regel leichter, einen offenen Blick für viele unterschiedliche Beteiligte und ihre Interessen zu entwickeln. Diese Offenheit ist eine zentrale Voraussetzung für den gelingenden Aufbau eines kommunalen Netzwerks.

Kenntnisse im Projektmanagement

Diese Kompetenzen lassen sich in Weiterbildungen zu einem prozessorientierten Projektmanagement oder in Zusatzausbildungen zum Organisationsentwickler, die mittlerweile verschiedene Institute anbieten, aneignen. Personen mit einer systemisch ausgerichteten Ausbildung – auch beispielsweise im therapeutischen Kontext – werden sicherlich auch das Ganze im Blick behalten können, wenngleich eine der oben genannten Ausbildungen zweifellos die bessere handwerkliche – im Sinne von methodische – Voraussetzung ist. Diese Form der Qualifizierung richtet sich vor allem an Personen, die in irgendeiner Weise mit der Planung und Steuerung eines kommunalen Netzwerks betraut sind oder werden sollen (z.B. Netzwerker, vgl. Kapitel 1.3).

Zusatzausbildungen für Netzwerker

Moderationskenntnisse

Neben dem notwendigen Grundverständnis von Projektarbeit gehören auch Moderationskenntnisse (vgl. Kapitel 3.4) zu den zentralen Kompetenzen für die Koordination und Steuerung von kommunalen Netzwerken. So ist es beispielsweise sehr wichtig, Arbeitsgruppen mit einer wertschätzenden Grundhaltung zu moderieren sowie Arbeitsergebnisse visualisieren und in verbindliche Vereinbarungen überführen zu können – um nur einige Anforderungen zu nennen, die regelmäßig anfallen.

*Interne Kompetenzen nutzen – externe Kompetenz einkaufen –
Beteiligte qualifizieren*

Optimale Unterstützung
durch externe Fachleute

Einige Akteure des Netzwerks sollten die Qualifizierung für die genannten Anforderungen bereits vorweisen können, alternativ können diese Kompetenzen auch eingekauft werden. So kann beispielsweise ein externer Projektmanager die Akteure beraten oder ein externer Moderator Arbeitsgruppen kundig begleiten. Es empfiehlt sich in diesen Fällen, bereits bei Beauftragung der externen Experten den Kompetenzzuwachs der beteiligten Akteure mit im Blick zu haben und dafür zu sorgen, dass bestimmte Aufgaben nach und nach von internen Akteuren übernommen werden können.

Mittel- und langfristig hat es sich als sinnvoll erwiesen, Akteure in den oben genannten Kompetenzen grundlegend zu qualifizieren und dadurch zu befähigen, auf Grundlage eines systemischen Projektverständnisses die Vernetzung frühkindlicher Bildung in der Kommune kompetent zu begleiten und andere Beteiligte dabei zu unterstützen, tragfähige Arbeitsergebnisse zu erzielen.

Qualifizierung während des Vernetzungsprozesses

Viele Handlungs-
empfehlungen zielen
auf Qualifizierung

Handlungsempfehlungen (siehe Kapitel 3) bilden das operative Gerüst für die Vernetzung aller möglichen Aktivitäten rund um die frühkindliche Bildung in einer Kommune. Bei näherer Betrachtung der Handlungsempfehlungen in den beiden »Kind & Ko«-Modellkommunen fällt auf, dass fast alle in irgendeiner Hinsicht mit Qualifizierungen zu tun haben. Das ist nicht erstaunlich, geht es doch darum, verschiedene Beteiligte auf einen gemeinsamen Kenntnisstand zu bringen bzw. die vorhandenen Kompetenzen und Erfahrungen im Austausch zu nutzen. Auf diese Weise schaffen sie eine gemeinsame Basis, ein fachliches Grundverständnis, auf dem aufbauend eine Weiterentwicklung des kommunalen Netzwerks möglich wird. Demnach richten diese Handlungsempfehlungen den Blickwinkel auf die fachliche und persönliche Qualifizierung der Akteure im weitesten Sinne, erworben in Fortbildungen, Supervisionen, Beratungen oder im moderierten Erfahrungsaustausch.

Dies lässt sich sehr gut an den folgenden Zahlen ablesen: Die insgesamt ca. 30 Maßnahmen, die 2007 in den »Kind & Ko«-Modellkommunen Paderborn und Chemnitz im Handlungsfeld frühkindliche Bildung begonnen oder bereits umgesetzt wurden, beinhalten etwa zur Hälfte unterschiedliche direkte Fortbildungsmaßnahmen. Hinzu kommen etliche Maßnahmen zur Förderung der fachlichen Begleitung und des Austauschs zwischen verschiedenen Professionen durch andere Formen der Zusammenarbeit. Dies bestätigt, dass Vernetzung ohne Qualifizierung als eine sich durch fast alle Maßnahmen durchziehende Querschnittsdimension nicht denkbar ist!

Beispiele aus der Praxis

Um nun einen Eindruck zu vermitteln, wie diese Qualifizierungsmaßnahmen konkret aussehen können, wird im Folgenden anhand von drei Beispielen aus den beiden »Kind & Ko«-Modellkommunen das Qualifizierungsangebot konkretisiert.

Beispiel 1: Paderborn

An der Arbeitsgruppe »Rund um die Geburt – Guter Start«, einer von mehreren Vernetzungsgruppen des lokalen Projektes »Kind & Ko«, beteiligen sich u. a. Familienhebammen, Kinderärzte und Mitarbeiter des Jugendamtes. Sie formulieren folgendes Ziel: »Jede Familie in Paderborn erhält das Angebot ehrenamtlicher Familienbegleitung.« Es richtet sich an alle Familien in der Zeit rund um die Geburt ihres Kindes. Die bereits ausreichend vorhandenen Angebote für Familien mit einer Komm-Struktur – in der Regel von Familien aus der Mittelschicht wahrgenommen – werden erweitert um Angebote mit einer Geh-Struktur. So wird zum Beispiel jeder Familie mit einem Neugeborenen eine ehrenamtliche Familienbegleitung angeboten. Diese entwickelt bei ihrem ersten Besuch gemeinsam mit den Eltern Ideen, wie sich eine Begleitung konkret gestalten könnte. Die Annahme dieses Angebots ist freiwillig, es orientiert sich an einer aktiven Beteiligung der Familie.

> Fortbildung für ehrenamtliche Familienbegleitung

Zur Realisierung dieses Zieles hat die Arbeitsgruppe folgende Maßnahmen entwickelt:

- Maßnahme 1.1: Erstellung eines Aufgabenprofils für die ehrenamtliche Familienbegleitung, auf dessen Grundlage ein Fortbildungskonzept entwickelt wird.
- Maßnahme 1.2: Umsetzung des Fortbildungskonzeptes. Interessierte werden zu einer Auftaktveranstaltung eingeladen und über die ehrenamtliche Familienbegleitung informiert. Wer diese übernehmen möchte, erhält in vier ganztägigen Fortbildungsveranstaltungen eine Basisqualifizierung als ehrenamtliche Familienbegleitung.
- Maßnahme 1.3: Regelung der weiteren fachlichen und psychologischen Begleitung der Ehrenamtlichen. Sie erhalten parallel zu ihrer Betätigung eine regelmäßige fachliche Begleitung und können zusätzlich an einer Gruppensupervision teilnehmen.

Dieses Beispiel zeigt, dass die Zielsetzung, jeder Familie in Paderborn eine ehrenamtliche Familienbegleitung in der Zeit rund um die Geburt ihres Kindes anzubieten, nur über unterschiedliche Qualifizierungsmaßnahmen für diese Tätigkeit zu erreichen ist, die in ihrem Aufbau, in ihrer inhaltlichen Gestaltung und Abfolge genau zu planen sind.

Lernerfolg:
Selbstwirksamkeit
spüren

Erst alle Maßnahmen zusammen führen zu dem angestrebten Ziel, dass die Kommune schließlich über einen Stamm von ehrenamtlichen Familienbegleitern verfügt, die gut ausgestattet ihren Auftrag erfüllen können. Solch ein funktionierendes, zunächst noch kleines Netz kann sich im Laufe der Zeit erweitern. Dies funktioniert nicht von selbst, sondern in der Regel nur, wenn eine steuernde Gruppe überprüft und bewertet, ob die erprobten Maßnahmen ihre Wirkung erreicht haben, das Ergebnis an die Ehrenamtlichen zurückmeldet und sie dann in die Verbesserung der Maßnahme mit einbezieht. Der nicht materielle Gewinn, der vor allem darin besteht, die Wirkung seines Handelns zu spüren, nach klaren Rahmenbedingungen und Zielen zu handeln und im Austausch mit anderen Bestätigung und Anerkennung zu erfahren, ist ein zentraler Beweggrund für das Engagement von Ehrenamtlichen.

Beispiel 2: Chemnitz

Stärkung von
Elternvertretern
in Kitas

Eines der von der Arbeitsgruppe »Übergang Kita in die Grundschule« entwickelten Ziele lautete:

»Elternvertreterinnen und -vertreter in Kitas werden in der partnerschaftlichen Zusammenarbeit mit pädagogischen Fachkräften (Erzieherinnen und Erziehern) gestärkt und qualifiziert.« Die Maßnahme bestand in der Konzeption und Durchführung einer regelmäßig stattfindenden Fortbildung zur Stärkung von Elternvertretern in Kitas auf gesamtstädtischer Ebene.

In der Auftaktveranstaltung, zu der Elternvertreter von Kitas und pädagogische Fachkräfte aus den Kindertageseinrichtungen eingeladen waren, sollte u. a. die Wertschätzung des Engagements der ehrenamtlich tätigen Eltern herausgestellt werden. Offenbar ist dies den Verantwortlichen dieser Veranstaltung gelungen, denn über einhundert Teilnehmer – davon 61 Elternvertreter – haben sich im weiteren Verlauf aktiv in diese Veranstaltung eingebracht.

Großes Elterninteresse
an Beteiligung

Die Konzeption für diese Veranstaltung bestand vor allem darin, alle Teilnehmer zu beteiligen – und es gelang, das Thema Beteiligung lebendig umzusetzen und erlebbar zu machen! Ein Wechselspiel zwischen Informationen – zum Beispiel über die Rechte und Aufgaben der Elternvertreter in Kitas – und vielen verschiedenen Beteiligungsmöglichkeiten der Teilnehmer bewirkte, dass alle Anwesenden sich in dieser Veranstaltung aktiv einbrachten. So konnten sie am Ende sehr differenziert ihre Vorstellungen und Wünsche für die nachfolgenden Veranstaltungen formulieren und erstmals deren Themen in groben Zügen mit entwickeln.

Das Ergebnis: Die nächste Veranstaltung wurde als ca. sechsstündiger Workshop geplant, zu dem alle Beteiligten in Form einer Ideenbörse zur Mitwirkung eingeladen wurden. Folgende Themen standen an:

- Beteiligung von Eltern bei der Planung und Durchführung von Aktivitäten in Kitas
- Wertschätzende Kommunikationsform zwischen Fachkräften und Elternvertretern
- Chancen und Belastungen mit der Rolle des Elternvertreters
- Wie werden Eltern informiert und motiviert?

Es folgten weitere Veranstaltungen, an denen wieder zwischen 80 und 90 Teilnehmer gezählt wurden, davon jeweils ca. 60 bis 70 Prozent Elternvertreter. Diese übernahmen zunehmend eigene Parts, zum Beispiel, indem sie exemplarisch ihre Erfahrungen bei der Mitwirkung in den Kitas in kleinen Workshops präsentierten, sodass hier im wahrsten Sinne des Wortes Experten von Experten lernen konnten.

Dieses Beispiel veranschaulicht den permanenten Wechsel der immanenten und organisierten Qualifizierung sehr gut. Der trägerübergreifende Austausch und eine gemeinsame Weiterentwicklung der Kooperation zwischen Kitas und Familien machte den Beteiligten in den Veranstaltungen sehr viel Freude und erweiterte somit die Grundlage für eine motivierte, konstruktive Zusammenarbeit in den jeweiligen Einrichtungen.

Gute Erfahrung: Zusammenarbeit macht Freude

In Paderborn fand ein ähnlicher Prozess statt, der ebenfalls sehr erfolgreich war. Dort waren auch die Grundschullehrer mit einbezogen, sodass das Thema der Elternbeteiligung auch noch auf die Grundschule erweitert war.

Beispiel 3: Paderborn und Chemnitz

An beiden Projektstandorten wurde eine trägerübergreifende Qualifizierung für Kita-Leitungen durchgeführt. Das hatte es zuvor in diesen Städten noch nicht gegeben. Die Leitungen waren zuvor in jeweils eigenen Fortbildungsveranstaltungen qualifiziert worden oder hatten sich individuell bei überregionalen Fortbildungsinstituten weitergebildet.

Anlass für diese sehr breit angelegte trägerübergreifende Qualifizierung war die Einführung des Beobachtungs- und Dokumentationsverfahrens »Bildungs- und Lerngeschichten« in Chemnitz und Paderborn in insgesamt mehr

Trägerübergreifende Qualifizierung für Kita-Leitungen

als 120 Kitas. Die fachliche Einführung wurde zunächst vom Deutschen Jugendinstitut begleitet. Einige pädagogische Fachkräfte wurden als örtliche Multiplikatorinnen ausgebildet, die dann ihrerseits die Kita-Teams bezogen auf die Bildungs- und Lerngeschichten (BLG) qualifizierten.

Die Kita-Leitungen erhielten parallel zur fachlichen Implementierung des Konzepts das Angebot, sich hinsichtlich ihrer Führungskompetenz trägerübergreifend weiterzubilden. Das geschah in Fortbildungsmodulen, die immer auf die nachhaltige Einführung der BLG bezogen waren. Im Rahmen des Projektes »Kind & Ko« wurden folgende Fortbildungsmodule durchgeführt und von fast allen 120 Kita-Leitungen und den ca. 20 Multiplikatoren wahrgenommen.

Die Themen der einzelnen Module waren:
- Auseinandersetzung mit der Rolle als Leitung bei der Einführung der BLG
- Umgang mit der Zeit bei Einführung der BLG
- Moderieren von Teamprozessen rund um die BLG
- Zielorientierte Gesprächsführung mit Kolleginnen, einzeln und im Team
- Der Austausch mit Eltern über die BLG
- Methoden-Übungsworkshop zur Verankerung der BLG in den Teams
- Wie geht es weiter mit den BLG nach deren Einführung? (Evaluation, Dokumentation)

Begeisterung und
offener Austausch

Die Erfahrungen der Kita-Leitungen mit dem trägerübergreifenden Austausch in gemeinsamen Fortbildungsmodulen wurden positiv erlebt, zum Beispiel:
- gegenseitige Vorurteile konnten abgebaut werden, Verständnis und Interesse an den jeweiligen Arbeitsbedingungen rückten in den Vordergrund
- die Begeisterung für die BLG sorgte für offenen Austausch
- Kontakte wurden geknüpft, sodass auch andere Inhalte thematisiert werden konnten
- die Kita-Leitungen nahmen sich in den Weiterbildungen nicht vorrangig trägerspezifisch wahr, sondern in der Verbundenheit eines gemeinsamen fachlichen Interesses und ihrer Entwicklung eines gemeinsamen Führungsverständnisses
- die beteiligten Kita-Leitungen konnten ihre eigene Entwicklung und die ihres Teams immer in einen Bezug zu anderen stellen
- die Reaktionen von Trägervertretern auf die eigenen Entwicklungen oder die im Team konnten ausgetauscht und objektiviert werden
- Anregungen von anderen erweiterten die eigenen Sichtweisen und Einstellungen

Die Qualifizierungsmodule waren so aufgebaut, dass immer die Selbstbildungsprozesse aller Beteiligten im Vordergrund standen. So hatten alle Module das Ziel, die Leitungen bei der Einführung der BLG ins eigene Team zu stärken – fachlich, methodisch, psychologisch und hinsichtlich eines Erfahrungszuwachses des sozialen Miteinanders, der Solidarität und kollegialen Unterstützung. Leitungen entwickelten im Laufe der über mehrere Monate dauernden Qualifizierung ein klareres Führungsverständnis und viele Kompetenzen, die ihnen die weitere Personal- und Qualitätsentwicklung erleichtern. Daneben ist die Bereitschaft entstanden, neue Vernetzungsimpulse zu initiieren oder sich anderen Themen vernetzt zuzuwenden (Familienzentrum, Qualitätsentwicklung u.a.).

Impulse für Selbstbildung und Vernetzung

Vernetzung und Kooperation zeigt also auch in der Qualifizierung von Fachakteuren (z.B. durch trägerübergreifende Fortbildungen) viele positive Wirkungen und trägt damit zur Entstehung einer kommunalen Verantwortungsgemeinschaft für Kinder bei.

Dazu zählt auch die erfolgreiche Multiplikation der Bildungs- und Lerngeschichten, die vor allem den Multiplikatoren der verschiedenen Träger zu verdanken ist. Ihre Erfahrungen mit der Einführung der BLG haben sie regelmäßig reflektiert und gemeinsam mit der Autorin dieses Beitrags das Grundgerüst für ein noch praxisnäheres Curriculum erarbeitet. Daraus ist das Buch »Frühe Bildung beobachten und dokumentieren. Leitfaden zur Einführung der Bildungs- und Lerngeschichten in Kindertageseinrichtungen« entstanden (Bertelsmann Stiftung 2008), das Leitungen und Fachberatungen gleichermaßen bei der systematischen Einführung der BLG in Kitas unterstützt. Auch hier hat die Vernetzung verschiedener Kompetenzen und Erfahrungen zu einer fachlichen Weiterentwicklung beigetragen.

Feedback zwischen Theorie und Praxis

Alle drei Beispiele zeigen exemplarisch, dass diese Form der Qualifizierung die Akteure ernst nimmt. Fachkräfte bilden sich untereinander, aber auch im Dialog mit Eltern weiter, sowohl durch Anregungen, aber vor allem im Austausch und den dabei ausgelösten eigenen Erkenntnisprozessen – an Themen entlang, die alle interessieren!

Qualifizierung auf Augenhöhe

Qualifizierung wird nicht nur als gelungener Vernetzungsprozess erfahren, sondern schafft Wurzeln für neue Vernetzungsimpulse. Erfahren die Akteure, dass sie Wirkung erzielen, ist dies ein grundlegender Motivationsfaktor für eine weitere Vernetzungsbereitschaft und trägt zu einer Stabilisierung oder Erweiterung eines kommunalen Netzwerks für frühkindliche Bildung bei.

Literatur zu Kapitel 4.1

Bertelsmann Stiftung (Hrsg.). *Frühe Bildung beobachten und dokumentieren. Leitfaden zur Einführung der Bildungs- und Lerngeschichten in Kindertageseinrichtungen.* Gütersloh 2008.
Mayrshofer, Daniela, und Hubertus A. Kröger. *Prozesskompetenz in der Projektarbeit – ein Handbuch für Projektleiter, Prozessbegleiter und Berater.* Hamburg 1999.

4.2 »Tue Gutes und rede darüber« – Presse- und Öffentlichkeitsarbeit

Kommunikation mit Entscheidern, Medien, Bürgern

Dr. Harald Seehausen, FAIF – Frankfurter Agentur für Innovation und Forschung, Frankfurt am Main
Brigitte Bosing, Hessischer Rundfunk

Die Umsetzung des Mottos »Bildung von Anfang an« setzt einen Perspektivenwechsel bei allen für die kommunale Bildungslandschaft zuständigen Akteuren voraus, insbesondere in Bezug auf das moderne Verständnis von frühkindlicher Bildung. Die darauf aufbauende ganzheitliche Förderung von Bildungs- und Entwicklungschancen von Kindern in ihrem sozialen Umfeld braucht eine breite kommunale Verantwortungsgemeinschaft. Die Presse- und Öffentlichkeitsarbeit trägt wesentlich dazu bei, diese Voraussetzungen zu schaffen. Sie ist insbesondere notwendig, um

- die Zielgruppen erreichen und ansprechen zu können,
- die Zielgruppen zu ermuntern, die Bildungsangebote in der Kommune zu nutzen,
- die Akteure des Netzwerks zu mobilisieren und zu motivieren,
- Impulse für kommunale Netzwerke für Kinder zu geben,
- Erfahrungen und Aktivitäten aus lokalen Projekten vorzustellen und zu kommunizieren,
- die Kompetenzen aller Beteiligten zu stärken und zu fördern.

Presse- und Öffentlichkeitsarbeit spricht Zielgruppen an

Die Themen und Inhalte der Presse- und Öffentlichkeitsarbeit »rund um das Kind« sollten sich immer an den Interessen und Bedürfnissen der Zielgruppen orientieren. Unspezifische PR-Aktivitäten – das zeigen Erfahrungen – interessieren Familien gar nicht oder bestenfalls nur »am Rande«: Wer alle erreichen möchte, erreicht nur wenige. Wenn beispielsweise die Akteure des Netzwerks ihre Presse- und Öffentlichkeitsarbeit auf die Bedürfnisse von Familien mit kleinen Kindern ausrichten, helfen sie Eltern, die Ziele der Kom-

Familien mit kleinen Kindern ansprechen

mune bei der Entwicklung eines ganzheitlichen Bildungs- und Betreuungs-angebots für Kinder besser zu verstehen.

Beispiele für spezifische Presse- und Öffentlichkeitsarbeit:

- In der Lokalzeitung erscheint regelmäßig eine »Eltern-« oder »Familien-seite«, die gemeinsam von Redakteuren und Akteuren des Bildungsnetz-werks gestaltet wird. Hier stellen sich Elterninitiativen vor, präsentieren ihre Konzepte und Ideen, berichten über erfolgreich umgesetzte Maßnah-men usw.

- Vertreter der Jugendhilfe, Grundschule, Wirtschaft, Familienbildung und Gesundheitsförderung wollen gemeinsam eine Fachtagung zum Thema »Bildungsstandort und Wirtschaftsstandort – Frühkindliche Bildung als kommunale Aufgabe« durchführen. Für diese Veranstaltung sammeln die Akteure des Netzwerks Argumente, um Unternehmen für die Ziele und Maßnahmen des Netzwerks zu interessieren und zur Mitarbeit im Netzwerk zu motivieren.

Presse- und Öffentlichkeitsarbeit ermuntert zur Nutzung der Bildungsangebote

Durch Veranstaltungen und Zeitungs-veröffentlichungen Interesse wecken

Kommunale Netzwerke für Kinder beginnen mit Auftaktveranstaltungen, zu denen alle infrage kommenden Vertreter unterschiedlicher Berufe und Einrich-tungen eingeladen werden, um ihre Bildungsangebote für die Öffentlichkeit zu präsentieren. Diese Veranstaltungen bieten zum Beispiel Familienbildungs-stätten, Erziehungsberatung, Kinderbibliotheken, Sportvereinen, Gesundheits-beratung, aber auch der ortsansässigen Agentur für Arbeit sowie den Unter-nehmen eine Plattform, den in der Kommune lebenden Familien das Spek-trum von Bildungsmöglichkeiten für ihre Kinder umfassend vorzustellen und zu erläutern – und sie auf diese Weise zu ermuntern, ihre Kinder dort hinzuschicken.

Denkbar ist zum Beispiel auch, dass die örtliche Gemeindezeitung einen Veranstaltungshinweis auf eine gemeinsame Fortbildungsreihe von Eltern-vertretern und Erziehern abdruckt oder über Mitbestimmungsrechte und Gestaltungsmöglichkeiten einer Erziehungspartnerschaft zwischen Kitas und Eltern im Interesse der Kinder und Familien berichtet. Auf diese Weise wer-den Elternsprecher auf lokale und regionale Angebote der Erwachsenenbil-dung aufmerksam, die trägerübergreifend Eltern zu Fragen frühkindlicher Bildung und Erziehung informieren. Solche Informationen sind gleicherma-ßen interessant für Mitarbeiter aus Beratungsstellen, Fachberatung, aber auch für Kinderbeauftragte und Kommunalpolitiker.

Presse- und Öffentlichkeitsarbeit informiert und mobilisiert die Akteure des Netzwerks

Um die Ziele und Aufgaben der Netzwerkarbeit bekannt zu machen und diesen Personenkreis für eine Mitarbeit zu gewinnen, reichen öffentliche Bekanntmachungen in den lokalen Medien allein nicht aus. Es ist vielmehr erforderlich, dass die bereits Beteiligten gemeinsam mit den Pressestellen der kommunalen Politik und Verwaltung sowie der Träger in den lokalen Medien als »Sprachrohr der Kinder« auftreten, das sich für deren Interessen einsetzt. Gute Presse- und Öffentlichkeitsarbeit trägt nicht nur wesentlich dazu bei, die Aktivitäten von kommunalen Netzwerken für Kinder bekannter zu machen, sondern bestärkt gleichzeitig die zahlreichen eingebundenen Gruppen und Personen in ihrem Engagement für diese Ziele. Bisherige Erfahrungen aus der Praxis belegen dies.

Politik und Medien müssen als »Sprachrohr der Kinder« auftreten

> Der Bürgermeister einer hessischen Kleinstadt (Wettenberg) beschreibt in einem Interview mit einem Lokalreporter den besonderen Stellenwert eines Netzwerks zur Entwicklung interessanter Bildungs- und Betreuungsangebote für Kinder und Familien folgendermaßen: »Das Modellprojekt hat im Ortsteil Launsbach zahlreiche Personen zusammengeführt, die auf die Lebenssituation von Kindern und Familien Einfluss haben. Dadurch werden Betroffene zu Beteiligten. Die Vernetzung von unterschiedlichen Bildungs- und Betreuungsorten stärkt die sozialen Fähigkeiten der Familien ... Freiwillige, ehrenamtlich tätige Personen bieten mit ihrem beruflichen Fachwissen und ihrem persönlichen Erfahrungsschatz Kindern viele interessante Anregungen« (»Betroffene sind zu Beteiligten geworden«, *Gießener Anzeiger* 29.1.2005).

Beispiel: Mobilisierung von Eltern und ihren Kindern

Presse- und Öffentlichkeitsarbeit verfügt über eine Vielzahl von Instrumenten zur Information der Zielgruppen über die ins Leben gerufenen Bildungsprojekte. Dies gilt in besonderer Weise für die Zielgruppe »Familien und Kinder«: Wie können sie für Bildungsthemen interessiert und zum Mitmachen ermuntert werden? Hierzu einige Anregungen und erfolgreiche Beispiele aus der Praxis:

Das Paderborner »Netzwerk Wahrnehmung« bot im Rahmen seines Projektes »Von Kopf bis Fuß – ein Körpergenuss« Aktionstage an, um Eltern für die Körperwahrnehmung ihrer Kinder zu sensibilisieren. Eingeladen dazu hat-

Öffentlichkeitswirksame Aktionen für Eltern und Kinder durchführen

149

ten zwei Kindertageseinrichtungen, die in enger Zusammenarbeit mit Mitarbeitern aus dem medizinischen und therapeutischen Bereich Eltern und ihren Kindern eine Vielzahl von Spielen und Mitmach-Aktivitäten vorstellten, welche die Entwicklungs- und Bildungschancen von Kindern verbessern. Diese Informationen wurden nicht über die Medien verbreitet (Pressearbeit), sondern direkt an die Zielgruppe herangetragen. Weitere Beispiele für Öffentlichkeitsarbeit sind:

- Eltern und Fachleute finden sich regelmäßig zu »runden Tischen rund um die Geburt« ein, jeweils umrahmt von einer Fotoausstellung zu verschiedenen Aspekten des Lebens von Familien mit kleinen Kindern im Stadtteil,
- Schulen laden Kindergartenkinder zu »Schnuppertagen« ein, damit sie erleben können, wie dort der Unterricht stattfindet,
- eine Theatergruppe begleitet eine Diskussionsveranstaltung für Kinder, Eltern und Pädagogen zum Thema »Übergang von der Kita in die Schule«.

Es ließen sich noch viele Beispiele dafür anführen, wie Eltern und Kinder in lokale Projekte und Maßnahmen eingebunden werden können. So haben die beiden »Kind & Ko«-Modellkommunen Chemnitz und Paderborn mit den Arbeitsfeldern »Rund um die Geburt«, »Kind und Familie im Zentrum« und »Kooperation Kita – Grundschule« neue Strukturen für die Nutzung kommunaler Bildungsangebote durch Eltern und Kinder entwickelt (vgl. Bock-Famulla 2007: 10–13).

Plakate, Presse, Radio

Wie kann man die Bürger über solche Aktivitäten informieren? Zum Beispiel über die Berichterstattung in der lokalen Presse, aber auch über Aushänge in Kindergärten und/oder Kinderarztpraxen, Jugendämtern u. a. Denkbar ist auch, die regionalen Funkmedien einzuladen, damit sie in Reportagen oder Gesprächsrunden mit Betroffenen und Akteuren des Netzwerks über neue Entwicklungen in der kommunalen Bildungslandschaft berichten.

Presse- und Öffentlichkeitsarbeit
setzt Impulse für kommunale Netzwerke für Kinder

Kommunale Akteure »rund ums Kind« werden mit und über Presse- und Öffentlichkeitsarbeit miteinander vernetzt. Das verbessert den Informationsaustausch, die Koordinierung von und die Kooperation bei Angeboten. Sie ermöglicht ganzheitliche Ansätze und erschließt zusätzliche Ressourcen.

Anregungen für wirksame PR-Maßnahmen

Hierzu einige Impulse und Anregungen für die Information der Öffentlichkeit über die Aktivitäten in der frühkindlichen Bildung:

- Eine Arbeitsgruppe gibt die Ergebnisse ihrer Elternbefragung, die sie in Kindertageseinrichtungen durchgeführt hat, am Wochenende im Rahmen eines »Familienfrühstücks« bekannt und stellt sie zur Diskussion. Zu diesem Frühstück eingeladen sind u. a. Elternsprecher, pädagogische Fachkräfte sowie Vertreter aus Politik, Verwaltung und Trägern. Gleichzeitig wird ein Kinderfest stattfinden. Ein Fotograf und ein Redakteur der ortsansässigen Zeitung werden kommen.

- Der anstehende Tag der Einschulung soll zu einem besonders inszenierten Ereignis gestaltet werden. An dessen Planung beteiligen sich neben den künftigen Erstklässlern und ihren Eltern auch Erzieher, Grundschullehrer und die Vertreter der Träger von Kindertageseinrichtungen und Grundschulen.
- Familienbildungsstätten, Kindergärten und Grundschulen veranstalten gemeinsam »Tage der offenen Tür« für Kinder und Eltern unter dem Motto »Familie gestern, heute und morgen«. Als medien- und öffentlichkeitswirksames Rahmenprogramm soll ein »Familienspiel« auf dem benachbarten Sportplatz stattfinden. Die Lokalpresse hat ihr Kommen zugesagt.
- Zur Diskussion von Erziehungs- und Bildungsfragen wird ein »Forum für frühkindliche Bildung« gegründet, in dem sich regelmäßig Experten treffen, um aktuelle Themen mit kommunalen Entscheidungsträgern, Bürgern und Vertretern der lokalen Medien zu diskutieren.
- Akteure aus unterschiedlichen Handlungsbereichen (z. B. Familienbildung, Logopädie, Bewegungstherapie, Kindergärten) konzipieren einen Info-Flyer über das aktuell stattfindende Präventionsprojekt »Vertrauen in sich – Vertrauen ins Leben«. Dieser soll sowohl der lokalen Tagespresse beigelegt als auch zusätzlich zum Beispiel in Kinderarzt-Praxen, Kitas, Familienbildungsstätten und -beratungsstellen, Sportvereinen usw. ausgelegt werden.
- Das ortsansässige Kinder- und Familienbüro hat für bildungsbenachteiligte Familien Patenschaften übernommen und einen Flyer erstellt.
- Im »Haus der Begegnung« tauschen sich die Initiatoren von Bildungs- und Betreuungsprojekten regelmäßig über ihre Projekterfahrungen in den beiden Schwerpunktthemen »Älterwerden in der Gemeinde« und »Frühkindliche Bildung lohnt sich« aus.
- Die Lokalredaktion veröffentlicht in regelmäßigen Abständen Kurzvitae mit Portraitbildern von aktiven bzw. neuen Akteuren des kommunalen Netzwerks für Kinder.

Kommunale Netzwerke für Kinder brauchen in der Entwicklungsphase Impulse und Anregungen von außen. Die Aufgabe von Presse- und Öffentlichkeitsarbeit ist es, die verbesserten kommunalen Angebots- und Kooperationsstrukturen in der Öffentlichkeit und besonders bei den Zielgruppen bekannt zu machen und für die Teilnahme am Partizipationsprozess in der Kommune zu werben. Laufende Maßnahmen und Aktivitäten können mit Hilfe der Medien- und Öffentlichkeitsarbeit erheblich besser kommuniziert werden.

Presse- und Öffentlichkeitsarbeit kommuniziert die Aktivitäten und Erfolge des Netzwerks

Netzwerk-PR ist Werbung für die gute Sache

Regionale und überregionale Medien sind ebenso wie die Fachpresse wichtige, ja geradezu unentbehrliche Multiplikatoren für Initiativen »rund ums Kind«. Sie schaffen breite Aufmerksamkeit und erreichen die Zielgruppen sowie potenzielle neue Partner für das lokale Netzwerk. Im günstigsten Fall ermuntern sie andere zum Mitmachen und/oder bereiten den Boden für politische Entscheidungen, die den Akteuren und Initiativen zugutekommen können.

Dabei wird zwischen zwei Formen der Öffentlichkeitsarbeit unterschieden – dem punktuellen, projektbezogenen Medienevent und der langfristigen, kontinuierlichen Presse- und Öffentlichkeitsarbeit.

Projektbezogene Medienevents

Anlässe zu »Events« machen

Hierzu gehören beispielsweise Pressekonferenzen, Presse- und Fototermine, feierliche Eröffnungen, Einweihungen, Podiumsdiskussionen, Führungen und eine Vielzahl anderer initiierter Veranstaltungen für die (Lokal-)Berichterstattung. Solche Events bieten sich beispielsweise an, wenn ein Projekt im Rahmen des kommunalen Netzwerks startet oder eine Zwischenbilanz gezogen wird. Aber auch interessante Anlässe wie die Veröffentlichung der Ergebnisse einer Elternbefragung über ihre Meinung zur Gestaltung des Übergangs der Kinder vom Kindergarten zur Grundschule in der Kommune eignen sich für solche Events. Im Idealfall sind die lokalen Print- und Funkmedien wie Zeitung, TV und Radio bereit, ein Projekt des Netzwerks in ihrer Berichterstattung zu begleiten oder es in einer Reportage ausführlich vorzustellen.

Bildungsmessen, Talkrunden, Kinderberichte

In Ergänzung dazu empfiehlt es sich auch, Instrumente der Öffentlichkeitsarbeit zu nutzen, die nicht allein darauf ausgerichtet sind, die Zielgruppen über die Aktivitäten des kommunalen Netzwerks zu informieren, sondern vor allem auch dessen Akteure mit einzubinden, zum Beispiel auf Bildungsmessen, in Talkrunden oder Lesungen. Hierzu gehören auch Kinderberichte und Kinderinterviews zu Projekten wie »Mein erster Schultag« oder »Meine Straße«. Solche Events tragen besonders zu einer Identifizie-

152

rung der Rezipienten – d.h. der Leser, Hörer und Zuschauer – mit den in der Berichterstattung vorgestellten Projekten bei.

Ein weiteres Instrument der Presse- und Öffentlichkeitsarbeit ist es, den so genannten »Promi-Faktor« zu nutzen. Dies ist nichts Ehrenrühriges – im Gegenteil: Schauspieler, Autoren oder bekannte TV-Moderatoren, die sich für Kinder und Bildung engagieren, können durchaus ein Zugpferd für Journalisten sein, der Einladung zu einem Presse-Event zu folgen und mit ihrer Berichterstattung die Arbeit des kommunalen Netzwerks einer breiten Öffentlichkeit bekannt zu machen.

Prominente Namen und Gesichter einbeziehen

Kontinuierliche Medienarbeit

Neben diesen projektbezogenen Medienkampagnen sollte allerdings die kontinuierliche Pressearbeit – zum Beispiel turnusmäßige Information der Redaktionen über den Entwicklungsstand des Netzwerks und seine Erfolge mittels Pressemitteilungen, Einladung der Journalisten zu Versammlungen des Forums usw. – nicht vergessen werden. Hierzu gehört auch, den Redaktionen bei ihren Recherchen zu Fragen »rund ums Kind« als kompetente Gesprächspartner zur Verfügung zu stehen.

Informant und Ansprechpartner für Redaktionen

Presse- und Öffentlichkeitsarbeit erfordert kompetente Akteure

Der Aufbau von langfristigen und regelmäßigen Pressekontakten ist das A und O für den Erfolg einer kontinuierlichen Presse- und Öffentlichkeitsarbeit. Hier sind insbesondere die Träger gefragt: Sie sollten über ein Konzept zur Öffentlichkeitsarbeit verfügen (vgl. Schreyer und Michel 2003: 81–84) und dieses auch praktizieren.

Medien brauchen verlässliche Ansprechpartner. Im Rahmen des kommunalen Netzwerks sollte sich daher eine kleine, überschaubare Anzahl von Akteuren für die Pressekontakte qualifizieren und den Medienvertretern als Ansprechpartner bei Rückfragen oder Wünschen nach Hintergrundinformationen namentlich bekannt gemacht werden. Regelmäßige Hintergrundgespräche und eine transparente Informationspolitik schaffen langfristig Vertrauen. Aber auch umgekehrt sollten persönliche Kontakte aufgebaut werden. Die Akteure des Netzwerks sollten wissen, an wen sie sich in den Redaktionen wenden können, wenn sie über neue Informationen verfügen. Solche Ansprechpartner finden sie u.a. in

Für Pressearbeit qualifizieren

- lokalen Medien: lokale Tagespresse, Lokalredaktionen der privaten und öffentlichen Fernseh- und Rundfunksender, Anzeigenblätter, Kirchenzeitungen, Gemeindebriefe, Stadtmagazine, Regionalstudios der Fernsehsender, offene Kanäle;

- regionalen/überregionalen Medien: Landesstudios der privaten und öffentlichen Fernseh- und Rundfunksender, Redaktionen von Fachzeitschriften, Elternmagazinen, aber auch der Illustrierten bis hin zur auflagenstarken so genannten Yellow Press, die für ihre Leser durchaus auch familienspezifische Themen aufgreift.

Überregionaler Blickwinkel durch Internet-Recherche

Regionale und überregionale Presse- und Öffentlichkeitsarbeit macht die Arbeit des kommunalen Netzwerks über die Stadt- und Landesgrenzen hinweg bundesweit bekannt und hilft, interessierte Kommunen auf das Projekt aufmerksam zu machen, Kontakte zu ihnen aufzubauen und sich ggf. mit ihnen zu vernetzen. Der Blick »über den Kirchturm« der eigenen Kommune erfolgt nicht selten über die Presse- und Öffentlichkeitsarbeit selbst, bei der das Internet zunehmend an Bedeutung gewinnt.

Homepage als Kommunikationsplattform

Der Internet-Auftritt mittels einer eigenen Homepage präsentiert nicht nur die Aktivitäten und Akteure des Netzwerks. Er ist auch ein wichtiges Instrument zur Teilnahme am Netzwerk, weil er den Besuchern mit den Links zu allen Akteuren und beteiligten Institutionen eine ideale Anlaufstelle sowie Informations- und Kommunikationsplattform bietet.

Öffentlichkeitsarbeit – das Handwerk beherrschen

Professionellen Rat einholen

Zahlreiche Akteure des Netzwerks (z. B. Elterninitiativen) verfügen bereits über eine hohe Medienkompetenz und haben Erfahrung im Umgang mit Journalisten. Wer darin noch unerfahren ist, kann entsprechendes Know-how schnell erlernen, zumal insbesondere die Lokalredakteure meist bereit sind, Tipps über die sachgerechte Aufbereitung von Informationen zu geben, zum Beispiel beim Verfassen von Pressemitteilungen. Denn auch die Journalisten profitieren davon, wenn die Presseinformationen gut verfasst sind. Dies erleichtert ihnen das Verständnis und die Bearbeitung der Themen. Auch der Austausch mit der PR-Abteilung eines Unternehmens ist hilfreich und lässt sich ebenfalls ohne großen Aufwand organisieren.

PR-Seminare über kommunale Vereinsförderung

Unprofessionell durchgeführt, wird die Presse- und Öffentlichkeitsarbeit – wie andere nicht zufriedenstellende Dienstleistungen auch – die Zielgruppen und somit ihre Ziele nicht erreichen. Deshalb sollten Akteure, die diese Tätigkeit längerfristig übernehmen, sich in diesem Metier weiterqualifizieren und über Kurse, Fachliteratur etc. mit den Grundlagen des journalistischen Handwerks vertraut machen. So können beispielsweise die Träger dafür sorgen, dass ihre im Netzwerk mit der Öffentlichkeitsarbeit betrauten Fachkräfte in ihrem Pressereferat für diese Aufgabe qualifiziert werden. Des Weiteren hat es sich bewährt, dass die Kommune über die kommunale Vereinsförderung eigene Seminare zur Presse- und Öffentlichkeitsarbeit organisiert. Der Vorteil hierbei ist, dass sich bei diesen Seminaren die aus verschiedenen Politik- und Fachbereichen stammenden Akteure des Netzwerks besser kennen lernen und miteinander austauschen können.

Sich informieren – Wie arbeiten Journalisten?

Journalisten müssen auch komplizierte Sachverhalte verständlich »übersetzen« und vermitteln. Weil sie nicht immer ausreichend Zeit für eigene Recherche haben, sind sie auf Informationen von außen angewiesen und vor allem darauf, dass diese auch stimmen. Sie arbeiten nach dem Prinzip der Verwertbarkeit, d.h. sind an Resultaten – an Neuem mit Nachrichtenwert, über das sich zu berichten lohnt – interessiert, nicht so sehr daran, wie diese Resultate zustande gekommen sind. Denn Journalisten suchen Geschichten, die für ihre Leser interessant sind. Deshalb müssen die zu vermittelnden Botschaften so aufbereitet sein, dass sie für den Journalisten eine Nachricht wert sind.

Ist die Botschaft eine Nachricht wert?

Tagesaktuelle Redaktionen (z.B. Tageszeitung, lokale Rundfunk- und Fernsehredaktion, Online-Berichterstatter) sind darüber hinaus auf schnelle und präzise Informationen angewiesen, sie müssen wissen, an wen sie sich bei Bedarf, wenn sie Nachfragen haben, wenden können – und diesen auch schnell erreichen können, nicht erst nach dem x-ten Versuch. Denn sie arbeiten ständig unter Zeitdruck und können sich nicht lange in ein Thema einarbeiten. Redaktionen von Fachzeitschriften hingegen arbeiten in der Regel viel hintergründiger und können sich entsprechend mehr Zeit für Recherchen nehmen, weil ihre Periodika nicht schon am nächsten Tag erscheinen.

Wie müssen Pressemitteilungen aufbereitet sein? Nach dem Motto »In der Kürze liegt die Würze« das Wichtigste an den Anfang setzen, in einer verständlichen Sprache schreiben, kurze, prägnante Sätze formulieren und – wie einst in der Schule – konsequent Subjekt-Prädikat-Objekt-Sätze zu Papier bringen. So verfasste Presseerklärungen sind gut verständlich und erleichtern das Lesen. Und nicht vergessen: O-Ton-Zitate mit Angabe ihrer Verfasser runden eine gute Pressemitteilung ab. Verquaste Prosa mit ellenlangen Schachtelsätzen hingegen, womöglich noch durchsetzt mit wohlfeilen Passivkonstruktionen und Substantivierungen, und das auch noch über drei Seiten hinweg, landet in der Regel gleich im Papierkorb der Redaktion.

Prägnante Sätze formulieren

155

Klare Zuständigkeiten sind Voraussetzung
für eine erfolgreiche Presse- und Öffentlichkeitsarbeit

Widersprüchliche
Botschaften vermeiden

Besonders für ein aus vielen Akteuren zusammengesetztes Bündnis wie das kommunale Netzwerk für Kinder ist ein einheitliches Auftreten gegenüber den Medien unabdingbar. Sich widersprechende Stellungnahmen verschiedener Akteure verwirren und verunsichern nicht nur, sondern können der guten Sache mehr schaden als nutzen und – schlimmer noch – den Spürsinn der Journalisten wecken, um identifizierten Ungereimtheiten auf die Spur zu kommen. Daher sind klare Absprachen nötig, bevor die Presse kontaktiert wird: Welche Botschaften sollen der Öffentlichkeit vermittelt werden? Wer gibt die Presseinformation heraus? Wer ist Ansprechpartner für die Journalisten bei Nachfragen?

Andererseits müssen die Akteure, die für die Öffentlichkeitsarbeit zuständig sind (und demnach auch verantwortlich sind im Sinne des Presserechts), in dringenden Fällen, wenn eine Absprache mit allen Beteiligten des Netzwerks aus Zeitgründen oder aktuellem Anlass nicht mehr getroffen werden kann, freie Hand haben. Für solche Fälle müssen sich die Verantwortlichen vorab über eine präzise Wortwahl bei heiklen Themen (zum Beispiel bei politischen Forderungen oder bei Themen mit juristischen Aspekten) abstimmen.

Dem Netzwerk
Eigenverantwortung für
PR zugestehen

Die Politikverantwortlichen neigen häufig dazu, die Kontakte zu den Medien nicht aus der Hand zu geben. Einem kommunalen Netzwerk im Sinne einer kommunalen Verantwortungsgemeinschaft sollte jedoch eine gewisse Eigenverantwortung im Umgang mit Öffentlichkeitsarbeit zugestanden werden. Es hat sich bewährt, dass die Akteure des Netzwerks gemeinsam Regeln für die Presse- und Öffentlichkeitsarbeit erarbeiten und vereinbaren. Auf diese Weise lassen sich nicht nur Befürchtungen abbauen und Freiräume schaffen, sondern auch das Vertrauensverhältnis untereinander wird gefestigt – zum Wohle des Erfolgs des kommunalen Netzwerks »rund ums Kind«.

Literatur zu Kapitel 4.2

Bock-Famulla, Kathrin. »Frühkindliche Bildung braucht eine ganze Kommune – ein Blitzlicht aus den Modellkommunen von ›Kind & Ko‹. *Orte für Kinder und Familie.* Hrsg. Harald Seehausen. Kronach. *Kita spezial* Sonderausgabe 2/2007. 10–13. (Vgl. »Artikel Kita Spezial.pdf« auf der CD-ROM).
Schreyer, Inge, und Andrea Michel. »TQ-Dimension 9: Öffentlichkeitsarbeit«. *Träger zeigen Profil. Qualitätshandbuch für Träger von Kindertageseinrichtungen.* Hrsg. Wassilios E. Fthenakis, Kirsten Hanssen, Pamela Oberhuemer und Inge Schreyer. Weinheim, Basel, Berlin 2003. 81–84.

4.3 Wissenschaftliche Begleitung in kommunalen Netzwerken

Reflexionspartner gewinnen in Wissenschaft und Forschung

Dr. Mathias Urban, Martin-Luther-Universität, Halle

Einführung

Frühkindliche Bildung ist angekommen – auf der großen politischen und öffentlichen Agenda, in Wahlprogrammen und Parteitagsbeschlüssen quer durch alle Lager. Es hat lange gedauert in Deutschland, aber die überfällige öffentliche Auseinandersetzung mit einer zentralen gesellschaftlichen Aufgabe bedeutet auch eine Anerkennung für all diejenigen, die sich über Jahrzehnte für die Rechte jedes Kindes auf Bildung von Anfang an eingesetzt haben – in der Regel, ohne damit bundespolitische Aufmerksamkeit auf sich zu ziehen. Lange bevor Spitzenpolitik, Wirtschaft und Beratungsgesellschaften sich das Thema zu eigen machten, wussten sie, was heute, im »großen« Diskurs, gelegentlich als neue Erkenntnis herausgestellt wird: dass das Leben von Kindern und ihren Familien konkret ist, sich vor Ort abspielt und von vielfältigen und komplexen Beziehungen in der jeweiligen Familie, in der Nachbarschaft und im Gemeinwesen geprägt ist.

Erfolgreiche Ansätze zur Förderung von Kindern und Familien gibt es viele – und sie haben eines gemein: Sie sind ganzheitlich und beziehen sich auf reale Lebenssituationen (die unterschiedlich sind, je nachdem, wo und unter welchen Bedingungen sich dieses Leben abspielt). Es sind in Deutschland nicht zuletzt die kommunalen Jugendämter (im Verbund mit freien Trägern vor Ort), die schon früh auf eine Vernetzung von Ressourcen setzten, um Kindern zu ihrem Recht auf Bildung und Beteiligung zu verhelfen. Es ist – soweit ich weiß – ein noch ungehobener Schatz, die Erfahrungen aus den zahlreichen Projekten der Gemeinwesenarbeit (GWA) auszuwerten und zu bündeln, die seit den 70er Jahren in vielen Kommunen gemacht wurden. *Wurzeln in der Gemeinwesenarbeit der 70er Jahre*

Mit ihrem kommunalen Modellprojekt »Kind & Ko« baut die Bertelsmann Stiftung auf diesen Erfahrungen auf – und führt sie weiter. Das Projekt hat *Impulse von außen in der Kommune umsetzen*

157

zum Ziel, die Bildungschancen junger Kinder konkret zu fördern; es setzt dabei ganz wesentlich auf das »Ko« – d.h. die Kommune als Handlungs- und Gestaltungsraum, den Kontext der Familien und die Kooperation der Akteure auf der örtlichen Ebene. »Kind & Ko« agiert in der Kommune – und setzt Impulse von außen. Darin bestehen der Charme und die Chance des Projektes. Denn neben dem Aufbau und der Erprobung konkreter Zusammenarbeit zwischen unterschiedlichsten Akteuren geht es auch darum, aus diesen Erfahrungen zu lernen; sie nicht nur vor Ort, sondern für andere nutzbar zu machen.

Miteinander lernen – Praxis verändern: Chance und Herausforderung kommunaler Netzwerke

Netzwerk als Lerngegenstand

»Kind & Ko« setzt auf die praktische Vernetzung der Akteure, die auf kommunaler Ebene, im nahen und erweiterten Sozialraum der Kinder für die Gestaltung von Bildungsprozessen Verantwortung tragen. Die Initiierung und Gestaltung von kommunalen Netzwerken – das konkrete Miteinander über Professions- und Ressortgrenzen hinweg – ist Kern und wesentlicher Outcome des Projektes. Darüber hinaus allerdings sind die Prozesse der Vernetzung – und mit ihnen die Netzwerker – selbst zum Lerngegenstand geworden. Allen Beteiligten, insbesondere aber den Netzwerkern in den beiden »Kind & Ko«-Modellkommunen Chemnitz und Paderborn, ist dabei klar geworden, dass ein Netzwerk kein neutraler Gegenstand ist, kein Objekt – sondern die sichtbar und greifbar gewordene, konstante Aktivität der Menschen, die das Netz bilden. Networking ist eine eigenständige und hochkomplexe Aufgabe. Man könnte sagen, der Prozess, nicht das Ergebnis, macht den Unterschied, ist selbst die eigentliche Qualität.

Wissen wird größer – je mehr wir es teilen

Anne Kebbe, erfahrene Netzwerkerin und Qualitätsentwicklerin, Mitbegründerin des Kronberger Kreises für Qualitätsentwicklung, hat es in einem Beitrag für die Dokumentation eines früheren Projektes des Hessischen Netzwerks Qualität (Urban 2005) auf den Punkt gebracht:

> Es wird gesagt: Geteiltes Leid ist halbes Leid. Gilt das auch für Wissen? Nein! Mit dem Teilen des Wissens verhält es sich genau umgekehrt: Es wird größer, je mehr wir es teilen. Deshalb gilt: Wer sein Wissen teilt, beispielsweise in »Wissensnetzwerke« leitet, gibt wenig und bekommt viel. Das (Mit-)Teilen des Wissens stiftet Sinn, ermöglicht Teilhabe und Ermutigung zum Erproben neuer Wege: Solche Erfahrungen motivieren zum Mehr-wissen-Wollen und Mehr-ausprobieren-Wollen. Solche Netzwerke brauchen wir: überall!

Miteinander forschen: Warum Fragen manchmal wichtiger sind als Antworten

Wissensnetzwerke, die Mut machen zum Mehr-wissen-Wollen und zum Verändern hergebrachter Routinen, sind von ihrem Ethos, aber auch von ihren Arbeitsweisen und Ergebnissen das Gegenteil von klassisch geplanten Projekten, etwa solchen, die ein bestimmtes Konzept, eine Idee, eine neue Praxis implementieren wollen. Auch in der Landschaft der frühkindlichen Bildung gibt es solche Ansätze zur Genüge: Da soll ein neues Beobachtungs- und Dokumentationsverfahren in die Praxis gebracht werden, sollen Programme zur Sprachförderung, zur Elternschulung oder zur gesunden Ernährung umgesetzt werden. In der Regel handelt es sich um Ansätze, die in anderen Kontexten erfolgreich waren und nun als Modelle in ganz anderen Zusammenhängen eingeführt werden.

Nicht fertige Konzepte einfach »umsetzen«

Hier ist schon vor Beginn des Projektes klar, was als Ergebnis herauskommen soll. Auf dieses gewünschte Ergebnis hin wird geplant, gehandelt und ausgewertet. Verführerisch ist dabei die scheinbar leichte Möglichkeit der Evaluation, die Überprüfung des Erfolgs am Erreichen des schon vorher bekannten Ziels. Wissensnetzwerke, zumal solche wie die von »Kind & Ko« angeregten, funktionieren nicht so. In ihnen steht der Prozess selbst im Zentrum: In der Kommunikation, der Suche nach einer gemeinsamen Sprache und schließlich in gemeinsamen Handlungsmöglichkeiten bilden sich die eigentlichen Aktivitäten des Netzwerks. Kommunale Netzwerke wollen systematisch Akteure zusammenbringen, die zwar in ein und derselben Kommune tätig sind – also alle im erweiterten Sozialraum der gleichen Kinder –, deren Tätigkeit und Engagement sich aber aus sehr unterschiedlichen professionellen Hintergründen, Aufträgen und Interessen ableitet. Sie alle sind Experten auf ihrem Gebiet; sie wissen – in ihrem jeweiligen Verantwortungsbereich –, was zu tun ist.

Der Prozess steht im Zentrum

Man stelle sich nun einen Zusammenschluss all dieser Experten vor, mit dem Ziel, das versammelte Wissen zu addieren – sich quasi gegenseitig zu sagen, was zu tun ist. Eine solche Veranstaltung, das ist leicht erkennbar, wäre von vornherein zum Scheitern verurteilt. Eine neue Qualität – und neue konkrete Handlungsmöglichkeiten jenseits bereits bekannter Bahnen – entsteht nicht durch die Addition, sondern durch das systematische, kritisch-reflexive Infragestellen der eigenen Expertise und Erfahrung im Licht der fremden Perspektiven. Neues Wissen in Netzwerken entsteht nicht durch Festhalten an Gewissheiten, sondern durch die Offenheit, eigenes Nichtwissen mit anderen zu kommunizieren. Wo sich Menschen zu einem solchen Netzwerk zusammentun, steht nicht ein vorbestimmtes, zu erreichendes Ergebnis im Raum, sondern eine Frage: Welche neuen, bisher hier nicht praktizierten und daher für uns noch unbekannten Wege können wir gemeinsam beschrei-

Neue Qualität entsteht nicht durch Addition

ten, um Teilhabe und Bildungsgerechtigkeit für alle Kinder in unserem Gemeinwesen zu verbessern?

»Wir sind alle Einwanderer in ein unbekanntes Land.« Diesen Satz hat
die amerikanische Kulturanthropologin Margaret Mead den Erwachsenen ins
Stammbuch geschrieben, die sich daranmachen, das Lernen von Kindern in
komplexen und sich rapide verändernden modernen Gesellschaften zu fördern. Eine entdeckende, forschende, fragende Grundhaltung ist dazu die
Voraussetzung; sie für alle Beteiligten zu fördern ist die Chance der Netzwerke, von denen hier die Rede ist. Eine neuseeländische Interviewpartnerin,
befragt im Rahmen des internationalen »Strategies for Change«-Projektes
(Urban 2006), bringt es folgendermaßen auf den Punkt: »All that creates an
environment, an ethos of reflection and willingness to consider alternatives
beyond current practice.«[1] Paolo Freire spricht in diesem Zusammenhang
von der Chance der unerprobten Möglichkeiten (untested feasibilities).

Die Rolle externer wissenschaftlicher Begleitung

Forschen, fragen, erproben – und sich vergewissern, was dabei Neues entsteht. Das ist der innovative Kern aller Vernetzungsprojekte. Zahlreiche Erfahrungen aus diesem und anderen Projekten zeigen, dass eine externe wissenschaftliche Begleitung bei alldem hilfreich sein kann. Was aber kann die
Rolle einer solchen wissenschaftlichen Begleitung sein? Vieles ist vorstellbar:
extern könnte zum Beispiel bedeuten, dass der begleitende Wissenschaftler (bzw. die Gruppe der begleitenden Wissenschaftler) tatsächlich von außen
auf das Geschehen schaut und bestimmte, vorher zu vereinbarende Aufgaben übernimmt. So könnte eine wissenschaftliche Begleitung etwa dabei helfen, Daten zu sammeln, die für den Fortgang und Erfolg des Projektes von
Bedeutung sind: Informationen über die Zielgruppe würden dazugehören,
etwa Zahl und Alter der Kinder, um die es geht, ihre konkrete Bildungsbetei-
ligung am Ort etc.

Denkbar ist auch eine Erhebung zu den sozio-ökonomischen und sozio-
kulturellen Hintergründen der Familien oder auch die Befragung nach ihren
Wünschen, Bedürfnissen und Interessen im Zusammenhang mit der kommunalen Bildungsförderung (dies ist im Übrigen ein zentraler Auftrag –

---

1   »Strategies for Change« ist ein internationales Forschungsprojekt, das – unter Leitung des Autors –
     untersucht, wie Veränderungsprozesse in frühkindlichen Bildungssystemen gesellschaftlich und
     fachlich begründet, initiiert und auf Dauer abgesichert werden. Besondere Aufmerksamkeit gilt
     dabei den Wechselwirkungen zwischen den unterschiedlichen Teilsystemen auf nationaler und
     lokaler Ebene und der Rolle der Profession als »Change Agent«. Beteiligte Länder (Pilotphase
     2005–2006): Belgien, Deutschland, England, Irland sowie Australien (Victoria) und Neuseeland.

auch jenseits der Projekte – an jede kommunale Planung, so formuliert in § 80 des Kinder- und Jugendhilfegesetzes). Praktisch geht es hier um Bedarfsermittlung, und Kapitel 3.2 dieses Buches befasst sich eingehend damit. Die Bedeutung der so für das Netzwerk zur Verfügung gestellten Informationen ist nicht zu unterschätzen – zu selten fragen wir systematisch, was der Fall ist, bevor wir uns daranmachen, Lösungen zu entwickeln.

Eine andere denkbare und nützliche Rolle externer wissenschaftlicher Begleitung könnte sein, darauf zu schauen, was die im Netzwerk entwickelten Ansätze denn tatsächlich bewirken. Man kann dies auf zwei grundsätzlich verschiedene Weisen tun: einfach (und deshalb verführerisch, siehe oben) erscheint die Möglichkeit, die Erreichung der selbst oder von außen gesteckten Ziele des Netzwerks zu überprüfen. Die gilt es dann allerdings möglichst präzise (und eben überprüfbar) zu formulieren. Wer weiß, was am Ende herauskommen soll, kann *messen*, ob dies auch tatsächlich geschieht. Die so gewonnene Information kann genutzt werden, künftige Projekte ähnlicher Art besser zu machen. Genau hier liegt der Haken an der Sache: Erstens verlangt ein solcher Ansatz, dass die zu überprüfenden Ergebnisse im Wesentlichen schon vorher feststehen; zweitens nützt die im Nachhinein gewonnene Erkenntnis in der Regel nichts für das Projekt, das sie hervorgebracht hat. Ebenfalls verführerisch ist es, sich vermeintlichen forschungsmethodischen Zwängen hinzugeben und die Ziele weniger auf ihre Angemessenheit als auf ihre Messbarkeit mit der dem Begleitforscher zur Verfügung stehenden Methode hin zu formulieren (vgl. Kapitel 4.4).

Wirkung von
Maßnahmen analysieren

Vielversprechender erscheint ein zweiter Ansatz: Er bezieht sich – für Eingeweihte – darauf, was der Soziologe Niklas Luhmann für die Pädagogik insgesamt konstatiert hat, dass sie nämlich nicht bewirkt, was sie intendiert. Im Kern hat diese Feststellung zwei Konsequenzen für jede Forschung, die sich im weitesten Sinne für pädagogische Prozesse interessiert – und damit eben auch für die mögliche Rolle einer externen wissenschaftlichen Begleitung in Vernetzungsprojekten. Dass in komplexen sozialen Zusammenhängen (wie einem kommunalen Netzwerk) nicht bewirkt werden kann, was vorab als Intention oder Ziel beschrieben wurde, hat natürlich damit zu tun, dass konkrete Praxis nur im Miteinander, in Beziehungen zu anderen Menschen (Kollegen, Kinder, Mitglieder anderer Professionen etc.) entsteht. Und diese Beziehungen sind komplex, von häufig widersprüchlichen Interessen geleitet und verändern sich im Laufe der (Projekt-)Zeit. Menschen sind keine Maschinen, Networking ist keine Technologie, die, richtig angewandt, zum vorbestimmten Produkt führt.

Netzwerke wirken –
aber das Wie ist
unvorhersehbar

Dies anzuerkennen bedeutet, sich von Anfang an auf Offenheit und Überraschung und Unerwartetes einzustellen. So entsteht Neues. Die zweite, tröstliche Botschaft Luhmanns lautet: Sie bewirkt! Auch wenn man in hoch-

Offenheit für
Unerwartetes

161

komplexen sozialen Prozessen keine direkte, gerade Linie zwischen Intention und Ergebnis ziehen kann, so kann man (und muss man) sich doch systematisch für die Ergebnisse interessieren. Die Frage für die externe wissenschaftliche Begleitung lautet dann allerdings nicht: Ist am Ende das herausgekommen, was wir geplant hatten? Sie lautet vielmehr: Was ist herausgekommen? Was hat sich verändert? Für wen? Welche Prozesse haben dazu beigetragen, was war förderlich, was hat behindert? Kritische Fragen, die es immer dort zu stellen gilt, wo es um Bildung und Teilhabe geht, sollten auch sein: Wer wurde durch die Prozesse und Veränderungen im Projekt gestärkt und ermutigt? Wer möglicherweise nicht gehört – oder gar zum Schweigen gebracht? Wessen Interessen haben sich durchgesetzt? Wer hat profitiert?

Den Einfluss von Wissenschaft reflektieren

Damit der externe wissenschaftliche Begleiter diese kritisch-konstruktive, externe Sicht einnehmen kann, ist eines unerlässlich: Neben der Klärung des Forschungsauftrags bzw. -interesses muss er vor allem eine behutsame Beschreibung des eigenen Standorts vornehmen. Begleitforschung richtet den Blick auf die Gegenstände und Prozesse seines Interesses – und er tut dies von einem bestimmten (bzw. zu bestimmenden) Ausgangspunkt aus, ist also perspektivisch. Er hat es, bei den Netzwerken, von denen hier die Rede ist, zudem weniger mit Gegenständen als mit menschlichen Akteuren zu tun. Man könnte also sagen: Erst wenn die Perspektiven aller Beteiligten einschließlich des externen wissenschaftlichen Begleiters geklärt und aufeinander bezogen sind, kann das Begleitforschungskonzept überhaupt an Tiefe gewinnen. Wie auch immer die Aufgaben der externen wissenschaftlichen Begleitung in einem konkreten Projekt beschrieben werden: In komplexen sozialen Zusammenhängen muss sie sich ihre Basis immer wieder neu schaffen. Sie kann dies nur tun, indem sie sich in Praxiszusammenhänge begibt, die sie – intendiert oder nicht – zugleich beeinflusst und verändert.

Wissenschaftler als »kritischer Freund«

Die Rolle der externen wissenschaftlichen Begleitung ist in diesem Verständnis sehr viel stärker auf den *Prozess* des Netzwerkens bezogen, ohne dabei die Ergebnisse aus den Augen zu verlieren. Eine wichtige Kompetenz für die externe Begleitung – gerade für die Projekte und Prozesse, um die es in »Kind & Ko«-Netzwerken geht – ist die Fähigkeit, Nähe und Distanz zu balancieren. So sehr der externe wissenschaftliche Begleiter bei einem prozessualen Verständnis von Forschung in die Prozesse seines Interesses selbst eingebunden ist und sein muss, so sehr muss er darauf achten, dass seine externe Rolle auch bleibt, was sie verspricht: ein kritisch-konstruktiver Blick von außen. Ein Bild, das mich überzeugt, ist das der externen wissenschaftlichen Begleitung als »critical friend«.

Nach-Denken und Perspektiven wechseln: wissenschaftliche Begleitung als Reflexionspartner

Gegenüber Freunden ist man interessiert, emphatisch, zugewandt – aber wenn es ernst wird, hält man auch kein Blatt vor den Mund. Dies zu erreichen, sollte das Ziel jedes externen wissenschaftlichen Begleiters sein.

Der Blick von außen – und die fortlaufende Auseinandersetzung damit – ist eine wichtige Chance für die individuellen Netzwerker wie für das gesamte kommunale Netzwerk. Hat man sich erst einmal von der simplen Vorstellung verabschiedet, man könnte in einem solchen Netzwerk Schritt für Schritt einem Plan folgen (hätte man ihn denn …), um zum Ergebnis zu kommen, wird schnell deutlich, dass eine wesentliche Aktivität des Netzwerks die Auseinandersetzung mit aktuell (hier und jetzt) ablaufenden oder gerade abgelaufenen Prozessen sein muss. Reflexivität und Nach-Denken sind im Netzwerk kein Luxus, sondern erste Voraussetzung für den Erfolg. Das bedeutet, dass die Netzwerkarchitektur – das Projektdesign – von vornherein sicherstellen muss, dass es dazu entsprechende Ressourcen gibt.

Ressourcen müssen auch das Nachdenken absichern

Auch wenn reflexive Praxis zunächst eine Frage der (professionellen) Grundhaltung ist, braucht sie doch Raum und Zeit – und das geht in der Eile des Projektalltags häufig unter. Auch bedacht werden muss, wer denn die Beteiligten an den Reflexionsprozessen sein sollen. Sich selbst – und die eigene Praxis – in den Blick nehmen zu können, ist sicher eine wesentliche Kompetenz für alle, die in pädagogischer und sozialer Praxis stehen. Externe Begleiter können helfen, dieser personalen Kompetenz einen Rahmen zu schaffen. Sie verfügen über ein Repertoire von Methoden, die das Reflektieren anregen, herausfordern und strukturieren. Nicht unwichtig: Durch ihre bloße Anwesenheit im Projekt (zu bestimmten Zeiten, an bestimmten Orten) sichern sie, dass das Nach-Denken nicht dem Alltagszwang zum permanenten Agieren geopfert wird.

Nachdenken nicht dem vermeintlichen Zwang zum Agieren opfern

So wichtig es ist, sich selbst in den Blick zu nehmen, so wichtig ist es auch, darauf zu achten, dass aus der Reflexion keine Introspektion, keine Nabelschau wird. Das gilt für die beteiligten Akteure ebenso wie für das Netzwerk insgesamt. Die Reflexion der eigenen Erfahrungen und Prozesse muss – soll sie produktiv und verändernd sein – immer wieder in Zusammenhang mit der Außenwelt des Projektes gebracht werden. Dies gelingt besser, wenn Innen- und Außenperspektive im Reflexionsprozess systematisch zusammengebracht und aufeinander bezogen werden. Die externe wissenschaftliche Begleitung kann – als Reflexionspartner – dazu beitragen, dass aus der nach innen gerichteten Reflexion eine kritische Reflexion wird, die nicht nur die eigene Praxis, sondern auch den Kontext, dessen Bedeutung und mögliche Veränderung in den Blick nimmt.

Reflexion ist keine Nabelschau

Der amerikanische Organisationstheoretiker Chris Argyris erklärt in seinem Buch »Wissen in Aktion« (1997) den Zusammenhang etwa so: Lernen in Organisationen – und nichts anderes ist ein Netzwerk – kann sich entweder um sich selbst drehen, d.h. um das Handeln (der Personen) und seine Folgen (Ergebnisse), ohne die handlungsleitenden Strategien grundsätzlich infrage zu stellen. Das Ergebnis sind häufig Lösungen nach dem Modell »more of the same«. Geschlossene Reflexionsprozesse bergen die Gefahr, dass sie in diesem »Einschleifen-Lernen« (Argyris) verharren. Nachhaltig und innovativ ist es jedenfalls nicht. Lernen ist erfolgversprechender, wenn es gelingt, dieses Einschleifen-Lernen aufzubrechen und die Haltungen, Strategien, Erklärungen etc., die dem eigentlichen Handeln zugrunde liegen, selbst in den Blick zu nehmen – und zu verändern. Argyris spricht dann von »Doppelschleifen-Lernen« (double-loop-learning). Man könnte auch sagen, es ist der qualitative Schritt von der Reflexion zur kritischen Reflexion und zur Bildung eines kritischen Bewusstseins der gemeinsam lernenden Gruppe. Fragen, die im Prozess der »critical reflection« wichtig werden, sind etwa folgende:

Eingeschliffene Haltungen und Erklärungen aufbrechen

Die Anregung zu diesen critical questions habe ich von Glenda Mac Naughton. Nachzulesen u. a. in ihrem Buch Shaping Early Childhood (Mac Naughton 2003).

- Wie bin ich eigentlich dazu gekommen, so zu handeln, wie ich es üblicherweise tue?
- Wie ist es dazu gekommen, dass ich die Welt (die Menschen) so sehe, wie ich es tue?
- Wer hat einen Vorteil von meinem Menschenbild, meinem Handeln?
- Wer wird dadurch benachteiligt, zum Schweigen gebracht?
- Wie viele (welche) andere Sichtweisen und Handlungsmöglichkeiten gibt es?
- Welche dieser Alternativen könnte zu mehr Fairness und Gerechtigkeit führen?

Sich an- und aufregen lassen: wichtige Impulse von außen

Wissenschaft bringt Praxis in den öffentlichen Diskurs

Es ist schon deutlich geworden, dass die Erfolgschance von kommunalen Netzwerken in der systematischen Verbindung von Fragen-Erproben-Dokumentieren-Auswerten liegt. Eine externe Begleitung ist dazu nicht nur hilfreich, sondern unerlässlich. Die externe wissenschaftliche Begleitung solcher Netzwerke hat aber eine Bedeutung, die über das unmittelbare Geschehen vor Ort hinausgeht. Begleitforschung, verstanden als auf Beteiligung und Veränderung gerichtete Handlungsforschung, als »participatory action research«, hat nämlich auch eine (fach-)öffentliche und fach- bzw. gesellschaftspolitische Dimension. Sie trägt dazu bei, die einzelnen örtlichen Projekte zur Verbesserung der Bildungspraxis aus der Isolation und in den öffentlichen und politischen Diskurs zu bringen.

Es ist eine Art De-Privatisierung durch Veröffentlichung und Auseinandersetzung mit der Welt außerhalb der eigenen kommunalen Praxis. Die forschende Auseinandersetzung mit der eigenen Praxis wird durch das Vehikel der wissenschaftlichen Begleitung zu einer forschenden, fragenden Auseinandersetzung mit der Praxis ähnlicher Initiativen in anderen Orten erweitert. Die externe Rolle der wissenschaftlichen Begleitung ist hier auch, an- und aufregende Beispiele und Erfahrungen aus anderen Projekten mit ähnlicher Zielsetzung beizusteuern. So können dann – auch das ein über die einzelne Kommune hinausweisendes Ziel – eine Vielzahl kommunaler Netzwerke zu einem mehrdimensionalen Internet verbunden werden.

Wissenschaft steuert Erfahrungen aus anderen Projekten bei

Es gibt gelungene Beispiele, von denen es sich lohnt zu lernen – auch hier kann die externe wissenschaftliche Begleitung nützlich sein. Die von der neuseeländischen Regierung geförderten Innovationszentren (Early Childhood Education Centres of Innovation) sind ein solches gelungenes Beispiel für Innovation durch Praxisforschung. Auch hier arbeiten Wissenschaftler mit Praktikern vor Ort zusammen, gehen gemeinsamen Fragestellungen nach, geben methodische Unterstützung, machen das lokal gewonnene Wissen auf Landes- und internationaler Ebene nutzbar. Der eigentliche Clou der Initiative liegt allerdings in der Rollenverteilung der Akteure: Es sind die Praktiker, die sich mit ihren Fragen um die Teilnahme an dem gut ausgestatteten Programm bewerben – und sich ihre in der Regel an Universitäten angebundenen »research associates« für einen Zeitraum von drei Jahren suchen. Nicht die Wissenschaft, sondern die Praxis bestimmt das Forschungsprogramm – aber die Wissenschaft, als »critical friend«, hilft die Fragen auf den Punkt zu bringen und produktiv zu bearbeiten.

Neuseeland: Praxis bestimmt das Forschungsprogramm

Wie Partner finden?

Das neuseeländische Programm der Innovationszentren wird vom Erziehungsministerium nicht nur zentral – und mit erheblichen finanziellen Mitteln – gefördert, sondern auch betreut und organisiert. Interessierte lokale Partner können sich also an eine zentrale Stelle wenden, wenn sie einen universitären Partner für ihr lokales Praxisforschungsprojekt suchen. In Deutschland ist dies anders: Interessierte Akteure aus kommunalen Netzwerken müssen selbst die Initiative ergreifen. Der Kontakt zur örtlichen (oder nächsten) Universität oder Fachhochschule bietet sich an, aber Nähe sollte nicht das einzige Kriterium für die Auswahl sein. Viel wichtiger ist es, sich darüber klar zu werden, welche Anforderungen an die gesuchte Partnerschaft gestellt werden und welche Erwartungen von Seiten der Netzwerker bestehen. Mit dieser notwendigen Klärung, die im Vorfeld und im lokalen Netzwerk geschehen

Partnerschaft sorgfältig vorbereiten

muss, ist es dann möglich, gezielt auf einen oder mehrere potenzielle Partner in der Wissenschaft zuzugehen.

Schriftliche Projekt-
beschreibung
Es hilft, eine schriftliche Projektbeschreibung zu formulieren und mit den Akteuren im Netzwerk einen Fragenkatalog zu erarbeiten. Auch der Rahmen für das eigene Projekt sollte – soweit bekannt – in einer kurzen Beschreibung dargelegt werden. Dazu gehört auch, sich über Ressourcen (etwa Zeit und Geld) im Projekt zu verständigen.

Es ist aus mehreren Gründen wichtig, eine solche – möglichst prägnante – Beschreibung der Ausgangslage, des Vorhabens und der Ressourcen zu erstellen. Zunächst dient sie der Selbstvergewisserung der örtlichen Akteure: Wo stehen wir? Was haben wir uns vorgenommen? Welche Ressourcen stehen uns zur Verfügung? Es ist eine gute Übung, im Projektverlauf gelegentlich diese erste Skizze wieder hervorzuholen, zu überprüfen und sich darüber zu verständigen, was sich möglicherweise verändert hat. Die Projektbeschreibung ist darüber hinaus Grundlage für die Kontaktaufnahme für die wissenschaftliche Begleitung. Sie hilft möglichen Partnern in Hochschulen und Instituten, das Projekt zu verstehen, und ermöglicht es ihnen, besser einzuschätzen, was sie zu diesem spezifischen Projekt beitragen können und wollen. Die möglichst realistische Einschätzung der zur Verfügung stehenden Ressourcen ist wichtig: Was nötig bzw. wünschenswert ist, muss ins Verhältnis gesetzt werden zu dem, was unter den jeweils konkreten Bedingungen der Beteiligten machbar ist.

Beide Seiten
können profitieren
Auch hier sind Fragen zunächst wichtiger als Antworten – ich beziehe mich auf die Ausführungen zum gemeinsamen Forschen weiter oben. Im Gespräch mit möglichen Partnern für die Begleitforschung werden sich zum Beispiel die konkreten Ziele der wissenschaftlichen Begleitung besser herausarbeiten lassen als von den kommunalen Netzwerkern »im Alleingang«. Wenn irgend möglich, sollten dazu Gespräche mit mehreren infrage kommenden Instituten geführt werden.

Hochschulen haben häufig ein Eigeninteresse an Forschungspartnerschaften – zum Beispiel, um DiplomandInnen und DoktorandInnen Arbeitsfelder und Erfahrungsmöglichkeiten für ihre wissenschaftliche Qualifizierung zu eröffnen. Auch dies sind Ressourcen, die in eine Forschungspartnerschaft eingebracht werden können. Erfolgversprechend sind Partnerschaften dann, wenn beide Seiten etwas davon haben. Einzelne universitäre Einrichtungen haben sich in Deutschland auf partizipative Forschungsprozesse im Zusammenhang der Förderung frühkindlicher Bildung spezialisiert.

166

Literatur zu Kapitel 4.3

Argyris, Chris. *Wissen in Aktion. Eine Fallstudie zur lernenden Organisation.* Stuttgart 1997.

Mac Naughton, Glenda. *Shaping Early Childhood. Learners, Curriculum and Contexts.* Maidenhead 2003.

Urban, Mathias. *Hessisches Netzwerk Qualität. Eine Ergänzung zur Nationalen Qualitätsinitiative im System der Tageseinrichtungen für Kinder.* Wiesbaden 2005.

Urban, Mathias. *Double-Loop-Learning. Selbst- und Kontextveränderung der Akteure in kommunalen Entwicklungsprozessen.* Expertise für das Projekt Kind & Ko der Bertelsmann Stiftung. Halle 2006.

4.4 Evaluation im Vernetzungsprozess

Methoden zur Überprüfung der Ziele

*Melanie Niestroj, Univation Institut für Evaluation
Dr. Beywl & Associates GmbH, Köln*

Evaluation überprüft nicht nur die Wirksamkeit von Maßnahmen, sie trägt auch dazu bei, die Akteure im Netzwerk handlungsfähig zu machen. Wie sie erfolgreich praktiziert werden kann, zeigt dieses Kapitel. Dafür werden handhabbare Erhebungsmethoden und Quellen für weitere Hintergrundinformationen vorgestellt. Es beschreibt ferner, wie die Evaluationsergebnisse im Sinne eines kontinuierlichen Verbesserungsprozesses genutzt werden können. Am Beispiel der »Kind & Ko«-Modellkommunen Chemnitz und Paderborn wird gezeigt, wie die Evaluation in die Netzwerkarbeit eingebunden werden kann und wie sich ihre Ergebnisse zur Steuerung des Netzwerks nutzen lassen.

Warum Evaluation?

Evaluation dient der systematischen Verbesserung des Projektes

Die Evaluation sollte bereits in der Konzeptionsphase mitgeplant werden. Dazu gehört beispielsweise, dass die Ziele der Netzwerkarbeit bzw. der Maßnahmen möglichst konkret und damit überprüfbar formuliert werden (vgl. Kapitel 3.2).

Es gibt gute Gründe, nicht auf Evaluation zu verzichten:

- Evaluation deckt Schwachstellen auf. Dadurch erleichtert sie das Lernen aus Erfahrung und unterstützt die systematische Steuerung und Verbesserung des Projektes. Gleichzeitig werden aber auch Stärken und Erfolge sichtbar, auf die Akteure stolz sein können!
- Mit Hilfe der durch die Evaluation gewonnenen Daten lässt sich das Projekt mit seinen Erfolgen gegenüber Externen objektiv und nachvollziehbar darstellen, zum Beispiel bei der Berichterstattung im Steuerungsgremium oder im Stadtrat.

- Richtungsweisende Entscheidungen für das Projekt können auf der Basis von fundierten Informationen gefällt werden.

Wie und wann Evaluation?

Eine Evaluation kann von Personen, die im Projekt mitarbeiten (beispielsweise im Rahmen einer Einzelmaßnahme), selbst durchgeführt werden (man spricht dann von Selbstevaluation). Sie kann durch Mitarbeitende einer am Netzwerk beteiligten Organisation (z. B. der Stadtverwaltung) erfolgen, wobei diese Person selbst nicht am Vernetzungsprozess beteiligt ist (interne Evaluation), oder von Personen umgesetzt werden, die mit dem Netzwerk und den beteiligten Organisationen und Akteuren selbst gar nichts zu tun haben (externe Evaluation). Die externe Evaluation hat den Vorteil, dass der Hauptanteil der Arbeit nicht von den am Vernetzungsvorhaben Beteiligten, die u. U. nicht über die erforderlichen Kenntnisse zur Umsetzung einer Evaluation verfügen, selbst geleistet werden muss. Ein Nachteil ist, dass die Beauftragung externer Fachpersonen finanzielle Ressourcen erfordert. Aber auch wenn kein Budget für eine externe Evaluation zur Verfügung steht, sollte eine Evaluation nicht ausgeschlossen werden. Um in diesem Fall die Ressourcen der Netzwerkakteure zu schonen, kommt es aber besonders darauf an, Prioritäten zu setzen, d. h. in angemessenem Umfang Daten zu erheben und ausschließlich solche Daten zu sammeln, die den Zweck der Evaluation unterstützen. Zudem sollte sich die Evaluation auf ausgewählte Ausschnitte des Gesamtvorhabens beschränken und beispielsweise die Prozessqualität oder die Zielerreichung einer Einzelmaßnahme in einem ausgewählten Handlungsfeld (wie etwa dem Übergang von der Kita in die Grundschule) betrachten. Personen, die keine oder wenig Erfahrung mit Evaluationen haben, finden im Internet kostenfrei Handreichungen und Materialien (siehe Hinweise am Ende des Kapitels).

Umfang und Methode müssen passen

Auch wenn an dieser Stelle insgesamt die Bedeutung der Evaluation hervorgehoben wird – sie darf kein Selbstzweck sein, sondern sollte immer einem konkreten Anlass folgen! Bereits zu Beginn der Evaluationsplanung ist deshalb zu klären, welchem Zweck die Evaluationsbefunde am Ende dienen, d. h. wozu die Ergebnisse ganz konkret eingesetzt werden sollen (vgl. Absatz »Bestimmung des Evaluationszwecks« unten). Ein Anlass für eine Evaluation liegt beispielsweise dann vor, wenn bei der Planung einer Maßnahme noch unsicher ist, ob die vorgesehene Strategie auch tatsächlich geeignet ist, die damit verbundenen Ziele zu erreichen. In einer Evaluation kann das überprüft werden und auf der Grundlage der Evaluationsergebnisse kann schließlich entschieden werden, ob ggf. eine andere Strategie gewählt werden soll.

Evaluation verfolgt keinen Selbstzweck, sondern konkrete Fragen

Dieses Kapitel will Anregungen bieten, wie eine Evaluation auf die fest-gestellten Bedarfslagen vor Ort zugeschnitten werden kann. Vorab zwei Hin-weise, welchen Herausforderungen sich kleine und fokussierte Evaluationen eher nicht stellen sollten:

- Die Datenerhebung direkt bei Kindern zur Überprüfung einer Zielerrei-chung (z. B. »Fühlen Kinder sich beim Übergang in die Grundschule gut unterstützt?«) ist für Ungeübte wie Profis besonders herausfordernd. Sie erfordert in der Regel besondere Erhebungsmethoden, u. a. weil die Aus-drucksfähigkeit von Kindern noch nicht voll ausgeprägt ist. Alternativ können oft Eltern oder pädagogische Fachkräfte befragt werden, die mit den betreffenden Kindern arbeiten.

- Die Evaluation sollte auf die Überprüfung von kurz- oder mittelfristig angestrebten Zielen angelegt sein. Darüber hinaus sollten Ziele, die über-prüft werden sollen, möglichst konkret und »fassbar« formuliert sein. Erkenntnisse über langfristig gültige und abstrakte Ziele können oft erst nach einer langen Zeit und mit einem erhöhten Aufwand gewonnen wer-den und sind somit im Rahmen von Evaluationen, die z. B. während des Verlaufs einer Einzelmaßnahme stattfinden, kaum zu gewinnen. Zudem ist es meist schwierig, einen plausiblen Zusammenhang zwischen den Vernetzungsaktivitäten und den festgestellten Änderungen herzustellen, da kaum zu klären ist, welche Einflüsse noch hierzu beigetragen haben.

Und noch etwas Grundsätzliches vorweg: Wie das gesamte Projekt sollte auch seine Evaluation partizipativ angelegt sein. Es empfiehlt sich daher, re-levante am Projekt beteiligte Personen in die Planung und fallbezogen auch in die Durchführung der Evaluation einzubeziehen, beispielsweise bei der Datensammlung. Wichtig ist auch, diese Akteure bei der Interpretation der Evaluationsbefunde und der darauf folgenden Entscheidungsfindung zu be-teiligen. Diese Partizipation unterstützt die Akzeptanz der Evaluation, ihrer Erkenntnisse und der getroffenen Entscheidungen. Dies kann dazu beitra-gen, dass die beteiligten Akteure gemeinsam etwas Neues über das Projekt lernen und ihre Zusammenarbeiten verbessern. Die Personen, die in die Eva-luation einbezogen werden, sollten möglichst die wichtigsten Akteure inner-halb des Evaluationsgegenstandes sowie Vertreter der betroffenen Zielgrup-pen repräsentieren. In jedem Fall sollten die Personen vertreten sein, die die Ergebnisse schließlich verwenden können, zum Beispiel, um Konzepte zu verbessern oder Entscheidungen zu treffen.

In Folgenden werden die einzelnen Planungs- und Durchführungsschritte der Evaluation zunächst theoretisch und dann an einem Beispiel erläutert. Es handelt sich dabei um ein Projekt zur Optimierung des Übergangs von der Kita in die Grundschule.

Planung einer Evaluation

Die Planung einer Evaluation folgt stets der Dreier-Schrittfolge Zweck – Fragestellungen – Methoden (vgl. Abbildung 12). Das Dokument, in dem diese Aspekte beschrieben werden, ist der Evaluationsplan. Er ist sozusagen das Konzeptdokument der Evaluation und gibt den Personen, die die Evaluation durchführen, eine Orientierung für das, was sie tun.

Im Einzelnen lassen sich diese Schritte wie folgt beschreiben:

Zweck – Fragestellungen – Methoden

1. Bestimmung des Evaluationszwecks

Die evaluierende Person legt gemeinsam mit relevanten Akteuren fest, wofür die Evaluationsergebnisse genutzt werden sollen, zum Beispiel zur

Evaluation auf einen Zweck fokussieren

- Unterstützung der Steuerung des Projektes und Verbesserung des Evaluationsgegenstandes (Zweck: »Optimierung«),
- Darstellung des Projektes gegenüber Externen, Entscheidungsträgern, Geldgebern u.a. (Zweck: »Transparenz und Rechenschaft«) oder

---

Abbildung 12: Der Weg zum Evaluationsplan –
Zweck, Fragestellungen und Methoden

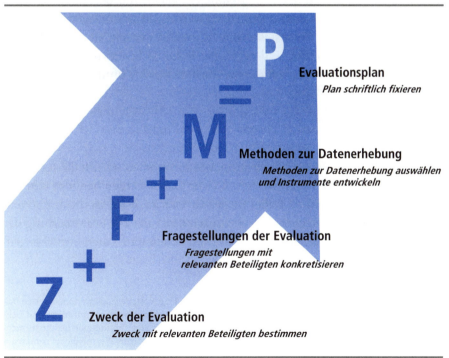

P = Evaluationsplan
Plan schriftlich fixieren

M = Methoden zur Datenerhebung
Methoden zur Datenerhebung auswählen und Instrumente entwickeln

F = Fragestellungen der Evaluation
Fragestellungen mit relevanten Beteiligten konkretisieren

Z = Zweck der Evaluation
Zweck mit relevanten Beteiligten bestimmen

- Unterstützung wichtiger Entscheidungen zum weiteren Projektverlauf (Zweck: »Entscheidungsfindung«).

Sie können auch mehrere dieser Zwecke festlegen. Die Ergebnisse werden aber passgenauer, wenn die Evaluation auf einen Zweck fokussiert ist. Dieser sollte möglichst konkret beschrieben werden, damit er die Ausrichtung der Evaluation präzise vorgeben kann. Dabei ist auch festzuhalten, welche Personen die Evaluationsergebnisse wann und wofür genau nutzen sollen.

2. Konkretisierung der Evaluationsfragestellungen[1]

Fragen am Informations-
bedarf der Akteure
orientieren

Ausgehend von dem festgelegten Zweck werden im zweiten Schritt Fragestellungen der Evaluation formuliert. Sie beziehen sich auf die Informationen, die vorliegen müssen, um den Evaluationszweck erfüllen zu können, d.h., sie orientieren sich am Informationsbedarf der Personen, die die Ergebnisse der Evaluation für die Projektarbeit benötigen. Beim Zweck Transparenz und Rechenschaft beispielsweise orientieren sie sich am Informationsbedarf der Mitglieder des Steuerungsgremiums oder anderer Entscheidungsträger, denen Rechenschaft abgelegt wird. Beim Zweck Optimierung hingegen sind es die für die Steuerung des Projektes Verantwortlichen (Netzwerker, Projektmanager etc.). Auch die Fragestellungen sollten mit den relevanten am Projekt beteiligten Personen abgestimmt werden. Erfahrungsgemäß besteht die Gefahr, dass mehr Fragestellungen formuliert werden, als die Evaluation im gegebenen finanziellen und zeitlichen Rahmen beantworten kann. Deshalb ist eine Beschränkung auf die wichtigsten Aspekte unumgänglich.

3. Festlegung von Methoden und Entwicklung von Instrumenten

»Weniger ist mehr«

An diesem Punkt steht die Überlegung, wie vorzugehen ist, um die festgelegten Fragestellungen zu beantworten: Welche Daten werden benötigt und wie lassen sie sich beschaffen? Dabei ist der Grundsatz des ressourcenschonenden Evaluierens zu beachten: Es soll zunächst auf alle zur Beantwortung der Fragestellungen bereits verfügbaren Informationen und Daten zurückgegrif-

---

1 Hier darf die Fragestellung der Evaluation nicht mit den Fragen verwechselt werden, die sich beispielsweise in einem Fragebogen finden. Fragestellungen sind allgemeiner formuliert und richten sich an die Evaluation und nicht etwa an datengebende Befragte. Im Rahmen der Instrumentenentwicklung besteht die Aufgabe darin, aus den Fragestellungen die möglichst konkreten Fragen zu machen, die durch befragte Personen beantwortet werden können.

fen werden. Wird darüber hinaus eine zusätzliche, eigene Erhebung von Daten erforderlich, ist die Kombination mehrerer »kleiner« Instrumente einer umfangreichen Erhebung vorzuziehen. Hier sind die Beteiligten gefordert, das »Wenn-wir-schon-Daten-erheben-wäre-das-auch-noch-interessant-Syndrom« zu vermeiden und dem Grundsatz »Weniger ist mehr« zu folgen. Es kommt darauf an, wenige, aber aussagekräftige Daten zu sammeln.

Eine wichtige Informationsquelle sind die zu Projektbeginn im Rahmen der Bedarfsermittlung gesammelten Daten (vgl. Kapitel 3.2). Möglicherweise erbringt schon ein Vergleich aktueller Daten mit denen der Ausgangslage verwertbare Antworten. Im Falle einer wiederholten Berichterstattung über die Lebenssituation von Kindern und Familien in der Kommune lässt sich ein solcher Vergleich mit wenig Aufwand durchführen.

Im Verlauf des Kapitels werden einige grundlegende Hinweise und Beispiele zur Wahl von geeigneten Methoden, zur Entwicklung entsprechender Instrumente sowie zum Bezug von Quellen mit weitergehenden Informationen vorgestellt.

4. Schriftliche Fixierung im Evaluationsplan

Der letzte Planungsschritt vor der Umsetzung ist die schriftliche Fixierung des Evaluationsplans. Dabei werden Evaluationszweck, Fragestellungen und Überlegungen zum methodischen Vorgehen ausformuliert und in einem Dokument zusammengefasst. Dieser Schritt sollte nicht übergangen werden, da insbesondere der Zweck und die Fragestellungen wichtige Orientierungspunkte für die Evaluation sind und deshalb stets sichtbar sein sollten. Zudem erleichtert das Dokument die spätere Berichterstattung über die Evaluation.

Evaluationsplan ist Kompass zur Orientierung

Beispiel aus der Praxis

Die vorgestellten Planungsschritte sollen nun an einem Beispiel verdeutlicht werden: Der Netzwerker wurde vom Steuerungsgremium der Kommune Traumstadt aufgefordert, in einer nächsten Sitzung Rechenschaft darüber abzulegen, was zum Schwerpunktthema »Übergang Kita/Grundschule« bereits erreicht wurde. Entsprechend wird der Zweck der Evaluation folgendermaßen beschrieben: »Die Ergebnisse der Evaluation sollen durch den Netzwerker im Oktober 2008 bei der Sitzung des Steuerungsgremiums präsentiert werden und belegen, in welchem Umfang die eingesetzten Ressourcen im Schwerpunktthema ›Übergang Kita/Grundschule‹ zur Erreichung der dazu formulierten Ziele beigetragen haben.«

Fragestellungen
formulieren

Ausgehend von den in der Kommune formulierten Zielen für das Schwerpunktthema Übergang Kita/Grundschule wurde dann folgende Fragestellung formuliert: »In welchem Maße hat sich der persönliche Kontakt zwischen Kita-Mitarbeitern und Grundschullehrkräften durch die umgesetzten Maßnahmen verstetigt und intensiviert?« Eine andere Fragestellung könnte lauten: »In welchem Maße hat Maßnahme XY dazu beigetragen, dass Eltern von Vorschulkindern über bestehende Unterstützungsangebote informiert sind und diese nutzen?«

Im Folgenden sind Vorschläge angeführt, wie die erste Fragestellung methodisch bearbeitet werden kann.

Datengewinnung zur Beantwortung der Fragestellungen

Methoden zur
Datengewinnung
sind vielfältig

Es gibt viele Wege, um Daten zu gewinnen. Die klassischen drei Arten der Datenerhebung sind: beobachten – Inhalte von Dokumenten analysieren – Personen befragen. Dabei gibt es verschiedene Spielarten. Eine Befragung beispielsweise kann persönlich oder am Telefon erfolgen. Man kann Gruppen oder einzelne Personen befragen, schriftlich vor Ort, per Post, online etc. Um einen Überblick zu geben, sind nachfolgend einige grundlegende Hinweise zu den verschiedenen Möglichkeiten zusammengestellt. In den am Ende des Kapitels angegebenen Quellen finden sich weitere praxisnahe Anleitungen zum Einsatz verschiedener Erhebungsmethoden.

Beobachtung

Wer sitzt neben wem?

Die Beobachtung ist in der Umsetzung meist aufwändig und erfordert Übung. Sie erfordert eine sehr systematische Vorgehensweise und eignet sich insbesondere zur Überprüfung von Zielen, die sich in konkretem Handeln von Personen ausdrücken. Ein Beispiel:

Die Fragestellung, ob Kita-Mitarbeiter und Grundschullehrkräfte intensiver miteinander interagieren, lässt sich beantworten, indem die evaluierende Person an mehreren aufeinanderfolgenden gemeinsamen Sitzungen dieser Akteure teilnimmt und deren Verlauf beobachtet. Sie notiert dabei die Sitzordnung: Wer sitzt neben wem? Mischen sich die Mitarbeiter der verschiedenen Einrichtungen oder sitzen sie nach Einrichtungen getrennt? Während der Sitzungspausen notiert sie nach einem zuvor festgelegten Beobachtungsplan, welche Personen sich miteinander unterhalten. Die Ergebnisse dieser Beobachtungen aus früheren und späteren Sitzungen im Projektverlauf werden miteinander verglichen.

Einen kurzen Einstieg in die Methoden der Beobachtung gibt das Kapitel 3.3 in Beywl und Schepp-Winter (2000). Einen tieferen Einblick gewährt beispielsweise das ausführliche theoretische Werk »Wissenschaftliche Beobachtung« von Greve et al. (1997).

Neben systematischen Beobachtungsergebnissen können auch unsystematisch selbst gewonnene Eindrücke und »Geschichten aus dem Projektalltag« zur Beantwortung der Fragestellungen beitragen. Diese sind allerdings als solche zu kennzeichnen und können genutzt werden, um Daten und Informationen aus anderen Quellen zu stützen oder zu konterkarieren.

Inhaltsanalyse

Die Inhaltsanalyse wird im Rahmen von Evaluationen recht häufig verwendet. Sie kann einen Beitrag zur Beantwortung der Beispiel-Fragestellung leisten, indem Protokolle der Sitzungen von Kita- und Grundschulmitarbeitern oder Konzeptdokumente zu neuen Kooperationsvorhaben zwischen Kitas und Grundschulen ausgewertet werden. In jedem Fall sollte die Analyse systematisch erfolgen: Zunächst werden Fragen formuliert, die mittels der vorliegenden Dokumente beantwortet werden sollen (beispielsweise »Wie viele Kita- und Grundschulmitarbeiter aus welchen Einrichtungen waren bei den Sitzungen anwesend und wann/wie häufig fanden Sitzungen statt?«). Die Befunde werden dann systematisch ausgewertet und die Antworten zu den Fragen notiert. Dabei sollte immer deutlich bleiben, aus welcher Quelle die Befunde stammen (z. B. die entsprechende Ziffer aus durchnummerierten Protokollen wird zu den Antworten notiert). Der Vergleich der gewonnenen Daten ermöglicht Aussagen darüber, ob die Treffen im zeitlichen Verlauf des Projektes besser besucht waren, ob neue Einrichtungen hinzugekommen sind oder ob es nun mehr konkrete Kooperationen gibt als vor dem Projekt.

Dokumente auswerten

Befragung

Befragungen werden in der Evaluation außerordentlich häufig eingesetzt, da viele aussagekräftige Daten ausschließlich auf diesem Wege mit vertretbarem Aufwand gewonnen werden können. Wenn es beispielsweise darum geht herauszufinden, ob sich der Austausch zwischen den Kita- und Grundschulmitarbeitern intensiviert hat, bietet es sich an, die betreffenden Personen selbst danach zu fragen.

Eine wertvolle Ressource im Zusammenhang mit Befragungen ist das kostenlos verfügbare Programm GrafStat. Es eignet sich für die Erstellung von

Daten von Personen gewinnen

Nähere Informationen zu GrafStat unter www.grafstat.de/

175

Fragebögen, Bildschirm-Befragungen, für die Eingabe und Auswertung der Daten und für die Präsentation der Ergebnisse.

Je mehr Personen befragt werden, desto aufwändiger gerät die spätere Datenauswertung, insbesondere wenn offene Fragen (ohne Antwortvorgaben) gestellt wurden. Deshalb sollte, um ressourcenschonend vorzugehen, darauf geachtet werden, dass nicht zu viele Fragen ohne vorgegebenen Antwortmöglichkeiten gestellt werden. Hinweise hierzu finden sich in den am Ende des Kapitels angegebenen Quellen.

»Handliche« Befragungsinstrumente einsetzen

Statt eines umfangreichen Fragebogens können handlichere Methoden eingesetzt und kombiniert werden. Sie haben den Vorteil, dass sich Daten aus verschiedenen Quellen nutzen lassen und der Untersuchungsgegenstand damit aus verschiedenen Perspektiven beleuchtet werden kann, wie folgende Beispiele für »handliche« Befragungsinstrumente zeigen:

Weitere Beispiele in Beywl und Schepp-Winter unter www.univation.org/download/QS_29.pdf oder www.swa-programm.de/evaluation/methoden

- Bei Veranstaltungen (z. B. Sitzungen der Kita- und Grundschulmitarbeiter, Foren oder Arbeitsgruppentreffen) kann standardmäßig am Ende der Veranstaltung ein Zeitfenster für eine Befragung der Teilnehmer eingebaut werden. Statt einer Feedbackrunde, die insbesondere bei großen Gruppen zeitraubend ist, wird eine Plakatwand, auf der eine bis drei Fragen mit vorgegebenen Antwortmöglichkeiten stehen, aufgestellt. Die Teilnehmer können einen Klebepunkt an die für sie zutreffende Antwort setzen oder einen Punkt malen. Oder sie können Moderationskarten mit kurzen Antworten zu einer offenen Frage beschreiben und anpinnen. Die Rückmeldung der Ergebnisse an die Datengebenden erfolgt dabei automatisch, da sie direkt sichtbar sind. Die Plakate sollten aufbewahrt oder zum Beispiel per Digitalkamera für eine spätere Auswertung gesichert werden. Diese Methode wurde auch bei der externen Evaluation der Arbeitsgruppen in »Kind & Ko« in Kombination mit einem kurzen Fragebogen eingesetzt.
- Kurze Befragungen per E-Mail ermöglichen eine schnelle Rückmeldung. Voraussetzung ist allerdings, dass die zu befragenden Personen alle über einen Internet-Zugang verfügen und regelmäßig online sind. Auch hier ist darauf zu achten, wenige und zudem möglichst geschlossene Fragen mit vorgegebenen Antwortmöglichkeiten zu stellen, die sich schnell auswerten lassen. Im Fallbeispiel des Übergangs von der Kita in die Schule könnte eine Ansprechperson aus jeder beteiligten Einrichtung per E-Mail um Beantwortung der folgenden beiden Fragen gebeten werden:

Tabelle 4: Beispiele für eine kurze Befragung per E-Mail

1.	Bitte geben Sie an, wie sich die Intensität des persönlichen Kontakts zwischen Kita-Mitarbeitern und Grundschullehrkräften aus Ihrer Sicht seit April 2007 (Projektbeginn) bis heute verändert hat, indem Sie die zutreffende Aussage auswählen!
	● Intensität ist deutlich gestiegen
	● Intensität ist eher gestiegen
	● keine Veränderung
	● Intensität ist eher gesunken
	● Intensität ist deutlich gesunken
2.	Bitte begründen Sie die eben abgegebene Einschätzung mit einigen Stichworten und geben Sie ggf. Beispiele für Veränderungen!

Alle Befragungsinstrumente sollten vor ihrem tatsächlichen Einsatz getestet werden, beispielsweise im Kollegenkreis oder – bei aufwändigeren Erhebungen – mit einzelnen Personen aus dem Kreis der zu Befragenden. Diese Tests sollen sicherstellen, dass alle Fragen verständlich formuliert, die Anweisungen zu ihrer Beantwortung klar sind und sie sich eindeutig beantworten lassen.

Vorher testen, ob die Fragen verstanden werden

Beispiel aus »Kind & Ko«

Folgende Instrumente und Konzepte für Befragungen von Teilnehmern verschiedener Projektgremien aus der Evaluation des Projektes »Kind & Ko«, wurden von Univation als einem externen Evaluationsinstitut durchgeführt und sind vergleichsweise aufwändig gestaltet:
- Fragebogen zur Befragung der Mitglieder der Foren Frühkindlicher Bildung (hier aus Paderborn)
- Fragebogen zur telefonischen Befragung der Multiplikatoren zu den Bildungs- und Lerngeschichten (»BLG-Multis«) in den Kommunen
- Konzept und Instrumente zur Befragung der Arbeitsgruppen in den Modellkommunen

Bei Bedarf sind die Fragebögen bei der Bertelsmann Stiftung erhältlich (s. Kontakt S. 185)

Die Nutzung der Evaluationsergebnisse vorbereiten

Wie oben bereits beschrieben, ist eine Evaluation wertlos, wenn ihre Ergebnisse ungenutzt bleiben. Der im Vorfeld formulierte Zweck sagt aus, welchen Personen die Evaluationsergebnisse mindestens zur Verfügung gestellt werden sollen, und ggf. auch, zu welchem Termin dies geschehen muss, um den erhofften Nutzen zu erzielen.

Schon beim Start die Nutzung vorbereiten

Dass die Aufbereitung von Daten und Ergebnissen der Evaluation hierzu so klar und nachvollziehbar wie möglich erfolgen sollte, muss nicht eigens dargelegt werden. Stattdessen wird im Folgenden beschrieben, wie die Nutzung der Evaluationsergebnisse möglichst gut unterstützt werden kann. Der Netzwerker wird wahrscheinlich verantwortlich dafür sein, dass die Daten in einer passenden Form aufbereitet und den Personen zugeführt werden, für die sie bestimmt sind. Diesen wird die Auseinandersetzung mit den Evaluationsergebnissen leichter fallen, wenn sie bereits früh in den Evaluationsprozess einbezogen waren und sich womöglich auch an Datensammlungen o. Ä. beteiligt haben.

Umfassender Evaluationsbericht nicht immer nötig

Wichtig ist vor allem, ausreichend Zeit einzuplanen, um die Evaluationsergebnisse dem relevanten Personenkreis persönlich vorzustellen und mit ihm die daraus folgenden Konsequenzen für das Projekt zu diskutieren. Die Erstellung eines umfassenden Berichts, der den Gegenstand der Evaluation und die Vorgehensweise beschreibt und ausführlich die Ergebnisse auswertet, ist meist mit hohem Aufwand verbunden und nicht immer erforderlich. Ein solcher Bericht kann sicherlich von Vorteil sein, beispielsweise wenn die Evaluation die »Transparenz und Rechenschaft« bezweckt und die Weitergabe der Informationen in einem formellen Rahmen erforderlich macht. In der Regel aber sind die Adressaten froh, wenn sie nur wenige Seiten zu lesen haben oder ihnen die Ergebnisse gleich persönlich vermittelt werden. Ausschlaggebend ist, dass es gelingt, die relevanten Personen an einen Tisch zu bekommen. Dies stellt eher sicher, dass diese sich mit den Ergebnissen auseinandersetzen und die in der Folge getroffenen Entscheidungen mittragen. Dazu kann ggf. ein bereits gegebener Rahmen – z. B. ein feststehender Sitzungstermin – genutzt werden.

Thesenpapier oder Präsentation reicht

Bei der schriftlichen Darlegung der Evaluationsergebnisse (z. B. in einem Bericht, Thesenpapier, einer Präsentation etc.) empfiehlt es sich, die Kenntnisse und Gewohnheiten der Adressaten zu berücksichtigen. Auf Fachbegriffe beispielsweise sollte weitgehend verzichtet werden, dagegen tragen grafische Darstellungen der Ergebnisse zum besseren Verständnis bei. Hilfreich ist auch, wenn die methodische Vorgehensweise und komplexe Zusammenhänge erläutert werden und sich die Darstellung auf die wichtigsten Ergebnisse beschränkt. Immer jedoch sollte am Anfang der Gegenstand der Evaluation kurz beschrieben werden, damit auch damit nicht vertraute Personen wissen, worauf sich der Bericht bezieht.

Download unter www.wmich.edu/ evalctr/checklists/ reports.xls (Stand 10.8.2007)

Eine Ressource zum Thema ausführliche Evaluationsberichte ist die Checkliste von Gary Mirron, in der die wichtigsten Bestandteile und Qualitätskriterien für Evaluationsberichte aufgeführt sind und für einen eigenen Bericht abgehakt werden können.

Beispiel aus der Praxis

Die Mitglieder der Foren zur frühkindlichen Bildung in Chemnitz und Paderborn wurden im Rahmen einer externen Evaluation im Sommer bzw. Frühherbst 2006 befragt (vgl. Fragebogen Forumsbefragung auf der CD-ROM). Die Ergebnisse der Befragungen zeigten in beiden Kommunen, dass den Forumsmitgliedern teils der Gesamtaufbau des Projektes mit seinen verschiedenen Gremien nicht klar war und dass insgesamt der Wunsch nach einem verbesserten Wissensmanagement im Projekt bestand. Um zu überlegen, wie man mit diesem Ergebnis umgeht und welche Maßnahmen in der Konsequenz ergriffen werden können, wurde der Evaluationsbericht, der durch die externe Evaluation zur Verfügung gestellt wurde, an die Netzwerkerinnen der Kommunen Paderborn und Chemnitz weitergegeben. Im Rahmen einer gemeinsamen Sitzung aller Projektverantwortlichen wurden die Ergebnisse diskutiert.

Alle Projektverantwortlichen teilten den Wunsch, die Beteiligten vor Ort zukünftig besser darüber zu informieren, welche Personen welche Inhalte bearbeiten und in welchem Zusammenhang die verschiedenen Aktivitäten stehen. Die jeweils nächsten Forumssitzungen wurden in der Folge so gestaltet, dass die Netzwerker zunächst eine Einführung gaben und dabei nochmals die verschiedenen Projektgremien und Impulsprojekte mit ihren Aufgaben und Inhalten vorstellten. Danach bekamen die Arbeitsgruppen ausführlich Gelegenheit, ihre gerade verabschiedeten Handlungsempfehlungen und geplanten Maßnahmen darzustellen, dazu Anregungen der Forumsmitglieder zu sammeln und um neue Mitstreiter und Unterstützer zu werben.

Ergebnis: Wissensmanagement im Netzwerk verbessern

Fallstricke bei der Evaluation

- Zu hoher Aufwand der Evaluation wegen fehlender Fokussierung: Der Evaluationsplan sollte daraufhin geprüft werden, an welchen Stellen eine Beschränkung auf das Wesentliche vorgenommen werden kann.
- Geringe Beteiligung der befragten Personen an Erhebungen: Im Verlauf der Erhebung sollten die Beteiligungsquote bei Befragten regelmäßig überprüft und noch säumige Befragte erinnert werden, ihre Antworten beizusteuern. Durch eine sorgfältige Entwicklung des Befragungsinstruments mit anschließendem Testlauf lässt sich vermeiden, dass die Befragten durch unverständliche Fragen oder unklare Anweisungen von der Beantwortung abgeschreckt werden. Erfahrungsgemäß wirkt ein in Aussicht gestelltes kleines Dankeschön für die Beteiligung oder die Auslosung von Preisen unter den Teilnehmern sehr motivierend.

Wichtig: Fokussierung, Partizipation, Datenschutz

179

- Datenschutz: Es sollte stets sichergestellt sein, dass gewonnene Daten vertraulich behandelt und nur zu dem kommunizierten Zweck verwendet werden. Im Regelfall sollten Befragungen anonym durchgeführt oder zumindest so ausgewertet werden, dass die Antworten nicht auf einzelne Personen zurückgeführt werden können. Wenn eine anonymisierte Befragung nicht möglich ist (z. B. bei einer E-Mail-Befragung), sollte dies den Befragten mitgeteilt werden. Um sicherzugehen, dass kein geltendes Recht verletzt wird, kann der Evaluationsplan ggf. durch Datenschutzbeauftragte der Kommune geprüft werden.

Hinweise auf hilfreiche Materialien

Neben den in den Kästen am Textrand genannten Ressourcen gibt es weitere praxisnahe, online verfügbare und kostenlose Handreichungen zum Thema Evaluation:

Das Heft »Zielgeführte Evaluation von Programmen – ein Leitfaden« (Beywl und Schepp-Winter 2000) bietet einen sehr handlungsorientierten Überblick, beginnend mit den Formulierungen von Fragestellungen über die Instrumentenentwicklung bis hin zur Datenauswertung. Es stellt verschiedene praxisnahe Erhebungsmethoden vor, erläutert die Fragebogenkonstruktion und beschreibt eine Methode zur systematischen Analyse von qualitativen Daten (aus offenen Fragen im Fragebogen beispielsweise) unter Nutzung eines Textverarbeitungsprogramms. Das Heft kommt aus dem Bereich der Kinder- und Jugendhilfe und ist leicht auf andere Bereiche übertragbar: www.univation.org/download/QS_29.pdf (alle Hefte der Reihe Materialien zur Qualitätssicherung in der Kinder- und Jugendhilfe finden Sie zum Download unter www.univation.org/index.php?class=Calimero_Webpage&id=9030).

Ausnahmsweise nicht kostenfrei verfügbar ist das Heft »Evaluation Schritt für Schritt: Planung von Evaluationen« (Beywl, Kehr, Mäder und Niestroj 2007, hiba-Weiterbildung Band 20/26, www.hiba.de/verlag/index.htm). Es führt die Leser mit Erläuterungen, Instrumenten und Beispielen durch die Aufgaben, die eine Evaluation mit sich bringt. Dabei bietet es auch nutzbare Hinweise für eine Selbstevaluation mit begrenzten Ressourcen.

Die Website des Programms »Schule-Wirtschaft/Arbeitsleben« bietet einen Überblick über verschiedene, eher unaufwändige Methoden zum Einholen von Feedback und zur Datengewinnung (jeweils mit kurzer Beschreibung und ggf. Angabe weiterführender Literatur, teils mit Beispielen). Die Methoden werden im Kontext von Veranstaltungen dargestellt, können aber auf andere Kontexte übertragen werden: www.swa-programm.de/evaluation/methoden (Stand 10.8.2007).

Weil erfahrungsgemäß häufig zum Fragebogen als Erhebungsinstrument gegriffen wird, hier einige orientierende und vergleichsweise knappe Online-Ressourcen rund um die Erstellung von Fragebogen:

- Port, Rolf (1998): Im Vorfeld der Befragung: Planung, Fragebogenentwicklung, Pretesting. ZUMA-Arbeitsbericht 98/02. Download: www.gesis. org/Publikationen/Berichte/ZUMA_Arbeitsberichte/98/98_02.pdf (Stand 10.8.2007).
- Wacker, Alois (1999): Das Wichtigste in Kürze – Vor- und Nachteile offener und geschlossener Fragen. Download www.sozpsy.uni-hannover.de/ step/basistexte/offene_fragen.pdf (Stand 10.8.2007).
- Wacker, Alois (2001): Das Wichtigste in Kürze – 20 allgemeine Hinweise zum Entwerfen eines guten Fragebogens. Download www.sozpsy.uni-hannover.de/step/basistexte/fragebogen.pdf (Stand 10.8.2007).
- Wacker, Alois (2001): Das Wichtigste in Kürze – Zentrale Bausteine eines Fragebogens. Download www.sozpsy.uni-hannover.de/step/basistexte/ bausteine-frabo.pdf (Stand 10.8.2007).
- Wacker, Alois (2002): Das Wichtigste in Kürze – Antwortdimensionen und Verbalisierung der Stufen bei einer fünfstufigen Skala im Likert Format. Download www.sozpsy.uni-hannover.de/step/basistexte/antwort-formate. pdf (Stand 10.8.2007).

Für den Fall, dass Mittel für die Beauftragung einer externen Evaluation bereitstehen, sei auf die »Empfehlungen für Auftraggebende von Evaluationen« verwiesen, die von der Gesellschaft für Evaluation (DeGEval) 2007 veröffentlicht wurden und online verfügbar sind: www.degeval.de/calimero/tools/proxy. php?id=14742 (Stand 14.8.2007).

Literatur zu Kapitel 4.4

Beywl, Wolfgang, und Ellen Schepp-Winter. *Zielgeführte Evaluation von Programmen – ein Leitfaden*. Hrsg. Bundesministerium für Familie, Senioren, Frauen und Jugend. Berlin 2000. www.univation.org/download/QS_29.pdf (Stand 15.8.2007).
Greve, Werner, et al. *Wissenschaftliche Beobachtung*. Weinheim 1997.

Ausblick

Vision eines integrierten kommunalen Netzwerks für Kinder

Damit Mädchen und Jungen in bildungsfördernden Lebenswelten aufwachsen können, müssen wir umdenken und völlig neue Wege beschreiten. Wie das gehen kann, haben die Modellkommunen Chemnitz und Paderborn erfolgreich erprobt. Längst ist auch in vielen anderen Kommunen ein Prozess des Nachdenkens darüber in Gang gekommen, wie die Menschen vor Ort – Zielgruppen und professionelle Akteure – gemeinsam eine neue »Erziehungskultur« begründen können, in der sich niemand alleingelassen fühlt und sich viele verantwortlich fühlen.

Optimale Bildungs- und Entwicklungschancen in der Kommune zu schaffen, dafür gibt es keine Patentrezepte. Aber die vielen positiven Erfahrungen in den Modellkommunen Chemnitz und Paderborn haben gezeigt, dass sich das Konzept der Governance als geeignetes Steuerungsmodell für koordiniertes Handeln im Netzwerk »rund ums Kind« eignet und Akteuren in anderen Kommunen als gutes Beispiel dienen kann.

Sicher ist, dass eine kommunale Verantwortungsgemeinschaft sich nicht von heute auf morgen bilden lässt. Aber getreu dem Motto »Der Weg ist das Ziel« hat jeder Schritt im Netzwerkprozess eine Wirkung. Dieses Handbuch ist eine Landkarte dazu. Wir möchten die Akteure »rund ums Kind« in den Kommunen ermutigen, sich auf den Weg zu machen.

Zukunftsvisionen sind eine wesentliche Voraussetzung dafür. Denn um aktiv zu werden, muss man eine Vorstellung davon haben, worin bessere Bildungs- und Entwicklungschancen für Kinder bestehen und wohin sie langfristig führen können. Der folgende – fiktive – Zeitungsbericht soll zeigen, dass Visionen Spaß machen. Er soll gleichzeitig Ansporn dafür sein, in der eigenen Kommune gemeinsam Visionen zu erarbeiten. Und dabei gilt es zunächst so kreativ und phantasievoll wie möglich zu sein. So können Visionen dazu beitragen, Optimismus zu üben und nicht gleich den (zum Teil auch berechtigten) Einwänden zu viel Platz einzuräumen.

Visionen sind ein guter Start für die gemeinsame Arbeit. Sie bringen die Akteure ins Gespräch und setzen positive Energien frei. Und die werden gebraucht, um die Ideen auf die Realität auszurichten und schließlich in die Tat umzusetzen.

Musterstadt 2028 – Vision eines integrierten kommunalen Netzwerks für Kinder

Ein fiktiver Zeitungsartikel aus dem Jahr 2028

Musterstadt erhält Preis für nachhaltige Governance
Kommunale Verantwortungsgemeinschaft als Bildungsstadt

Musterstadt – Die Kommune Musterstadt erhält im Jahr 2028 den begehrten Preis für nachhaltige Governance. Dies ist der bisherige Höhepunkt einer unvergleichlichen »Karriere« der Bildungsstadt als kommunale Verantwortungsgemeinschaft.

Der Startschuss dafür fiel vor zwanzig Jahren. Im Jahr 2008 gründeten alle Akteure »rund ums Kind« in Musterstadt ein kommunales Netzwerk. Ziel war es, die frühkindlichen Bildungs- und Entwicklungschancen in der Kommune gemeinsam zu verbessern. Damals ahnte noch niemand, was diese erste gesamtkommunale Verantwortungsgemeinschaft bewirken würde: Heute haben die Musterstädter Schüler bundesweit die besten Bildungs- und Ausbildungsabschlüsse. Sie haben ein hohes subjektives Wohlempfinden und werden im Vergleich zu anderen Schülern seltener krank.

Neustes Projekt ist das »Think-Valley Musterstadt« an der Universität. Hier können kleine Forscher ab acht Jahren gemeinsam mit Kommilitonen im Rentenalter Vorlesungen besuchen oder im Labor experimentieren. Auch gering Qualifizierte sind hier willkommen. Ein bestimmtes Kontingent an »Schnupper«-Studienplätzen ist für sie reserviert. Für viele ergeben sich daraus neue berufliche Ideen und der Ansporn, sich beruflich weiterzubilden. Das gute Bildungsklima in Musterstadt hat dazu geführt, dass naturwissenschaftliche Fächer und Ingenieurberufe hier sehr beliebt sind.

Weitere Besonderheit an der Musterstädter Universität ist, dass es Angebote in vielen verschiedenen Sprachen gibt. Natürlich sind in einer Stadt, die schon die ganz Kleinen wichtig nimmt, die Jungen und Mädchen mit Eltern ausländischer Herkunft besonders erfolgreich. Gemeinsam mit den Eltern wurden Lern-Konzepte entwickelt, die auch den Eltern Spaß machen und berufliche Perspektiven der Mehrsprachigkeit aufzeigen. Schon haben sich in der Folge einige ausländische Wirtschaftsunternehmen in Musterstadt niedergelassen, denn Fachkräftemangel ist hier weitgehend unbekannt.

Bildung ist eine wichtige Voraussetzung für gelebte Demokratie. Wer in Musterstadt aufgewachsen ist, für den ist soziales Engagement und Partizipation nahezu selbstverständlich. Viele Bürger engagieren sich in Vereinen und Organisationen für soziale und andere kommunale Belange. Kommunale Verantwortungsgemeinschaften gibt es inzwischen noch in vielen anderen Bereichen, so zum Beispiel in den Bereichen »Arbeitsmarkt und berufliche Weiterbildung«, »Stadtplanung« und »Finanzen«. Inzwischen haben die Einwohner einen geradezu sportlichen Ehrgeiz, sich immer noch ein bisschen mehr für die Verbesserung der Bildungs- und Entwicklungschancen von allen Kindern und Jugendlichen in ihrer Kommune einzusetzen.

Neuerdings sind im kommunalen Netzwerk für Kinder auch die Themen gesunde Ernährung und Bewegung eingebunden – klassische Querschnittsthemen, die der Phantasie keine Grenzen setzen: von der gesunden Verwaltung über die gesunde Schule bis hin zum gesunden Wochenmarkt. Auch hier geht es darum, neue Koalitionen unter den kommunalen Akteuren einzugehen. Den Einstieg in das neue Projekt hat das bestehende Netzwerk für frühkindliche Bildung übernommen, denn Gesundheitsverhalten wie Ernährung und Bewegung werden schon im frühen Kindesalter entwickelt und sind ein wichtiger Grundstein für ein gesundes Leben im Jugend- und Erwachsenenalter.

Was ein optimales frühkindliches Bildungs- und Entwicklungsklima für wirtschaftliches Wachstum und qualifizierte Arbeit bedeutet, dafür ist Musterstadt der lebendige Beweis. Das kommunale Netzwerk für Kinder war vor zwanzig Jahren die Initialzündung für ein völlig neues Denken und Handeln in der gesamten Kommune. Heute prägt das Netzwerkdenken das Handeln der Stadt und die Identifikation der Bürger mit ihrer Kommune.

Kontakt

Bertelsmann Stiftung
Kathrin Bock-Famulla
Projektmanagerin »Kinder früher fördern«
kathrin.bock-famulla@bertelsmann.de

Dr. Anja Langness
Projektmanagerin »Kinder früher fördern«
anja.langness@bertelsmann.de

Christina Reich
Carl-Bertelsmann-Straße 256
33311 Gütersloh
Tel. 0 52 41 | 81-81 583
christina.reich@bertelsmann.de

www.kinder-frueher-foerdern.de

Projektbüro »Kind & Ko«
Stadt Paderborn
Gabriele Mikus
Projektkoordinatorin
Am Abdinghof 11
33098 Paderborn
Tel. 052 51 88-15 76
Fax 0 52 51 88-2 15 76
g.mikus@paderborn.de
www.paderborn.de/microsite/jugendamt/
  kindundko.php

Projektbüro »Kind & Ko«
Stadt Chemnitz
Gabriele Aurich
Projektkoordinatorin
Bahnhofstraße 53
09111 Chemnitz
Tel. 03 71 48 85-9 05
Fax 03 71 48 85-1 96
gabriele.aurich@stadt-chemnitz.de